꽃도 바람을 그리워한다

꽃도 바람을 그리워한다

나는 제자들을 기다리면서
어린 시절 소풍날을 손꼽는 아이가 된다

김병훈 시집

좋은땅

시집을 펴내며

그동안 끙끙 앓으면서
짊어지고 있던 짐을
드디어 내려놓는다.
산과 바다와 하늘이
이렇게 푸른 줄 몰랐다.

목차

5   시집을 펴내며

1부

14   영흥대교를 지나며
16   십리포 해변
18   국사봉 진달래꽃
19   꽃도 바람을 그리워한다
20   바닷가에서
21   장경리에서
22   통일사 백구
23   국사봉에 오르며
24   함께 걷고 싶은 길
27   난초
28   비치 카페
30   풍도 가는 길
32   풍도 해변에서
33   마스크
34   봄

2부

36 호스피스 병실
38 어머니
40 어머니 말씀 1
42 식탁에서
43 임종실에서
44 어머니 말씀 2
45 길
46 고려장
48 십자가
50 미련
51 낮달
52 D-2016
54 눈물
56 믿음
57 아름다운 사람
58 소천
60 유언
61 헌혈

3부

64 광야에서는 길을 묻지 마라

66 낙타와 함께

68 그리운 고비

70 카르둥라

72 로탕라 가는 길

75 낙타

76 팡고원을 지나며

78 타지마할 1

80 캘커타행 야간열차

84 더 브로드 미술관

86 부석사에서

87 사천왕상을 지나며

88 어느 식당

89 소청도 등대 가는 길

90 농여 해변 해넘이

91 농여 해변에서

4부

94 연평도
97 그리움
98 그리운 이름
99 인사 발령
100 안개가 밀려오는 날
101 가을밤
102 해안초소 앞에서
103 눈 내리는 성탄절
104 진달래
105 안개 주의보
106 관사
108 시를 읽다가 울어 버린 그녀
109 연평해전 승전탑
110 학부모동아리 전시회
112 등대 카페
114 뱃삯

5부

- 116 비 오는 아침
- 117 비닐 한 장
- 118 헌혈의 집 1
- 119 순이
- 122 가로수에게
- 123 단풍 1
- 124 아픔
- 125 미지근함 예찬
- 126 부활절 새벽
- 128 억새꽃
- 129 행복
- 130 성탄절 오후
- 133 시계 3
- 134 송내역
- 136 텃밭을 가꾸며
- 137 코스모스

6부

140 엽서
142 승진 발령
143 특수학급 선생님
144 시골 학교
145 스승의 날
146 인연
148 그날
150 졸업
152 개학
153 인생
154 모과나무가 되고 싶다
156 쌀의 기도
157 기다림

158 **후기**
161 **해설 경험적 삶으로서의 시**
174 **축하 글**

1부

영흥대교를 지나며

영흥대교를 지나며 생각한다
절망은 희망과 이어 주고
외로움에 지친 이는 따뜻한 마음과 이어 주면서도
정작 자신은 외로움을 견디고 있다는 것을
때로는 모진 바람과 눈보라 치는 겨울을 견뎌야 하고
비 내리는 날은 참아 왔던 눈물을 하염없이 흘리면서
흘러가는 물살만 넋 놓고 내려다보고 있다는 것을
사람들은 알지 못한다
그들은 대교의 아름다움만 볼 뿐
공중에 어지럽게 매달려 떨면서도
하고 싶은 말 가슴에 담아 두고 있다는 것을
정작 자신을 송두리째 내어 주면서도
사람들에게 무언가를 요구하지도 않고
사람들이 마음 편히 가도록
기도의 끈을 붙잡고 있다는 것을
알지 못한다
그리고 밤새도록 한잠 이루지 못한 채

뜬눈으로 아침 해를 맞이한다는 것을

아무도 알지 못한다

십리포 해변

어제는 십리포 해변에 다녀왔습니다
그곳에는 그대의 말소리와 발자국이 남아 있었습니다
쪽빛 바다가 가을하늘보다 예쁘다던 소리는
해안가 굴 껍데기 속에 숨어 있다가
해 질 무렵 몰래 나와서
예쁘다고 소곤거렸고
그대의 다정한 발자국도
그곳을 지나간 누군가의 발자국 곁에 앉아 있다가
나와 함께 걸으며 지난 이야기 들려주었습니다
우리가 어딘가를 다녀간다는 것은
잠깐 지나가는 것이라 할지라도
다녀간 그곳에 소중한 무언가를 두고 온 일이기에
그대가 다녀간 십리포 해변에는
아직도 그대의 추억이 남아 있습니다
그런데 그 추억은 그대의 것만도 아니고
거기에 뿌리를 내린 이들의 것이기도 합니다
그래서 그때 그대의 해맑은 웃음과 발걸음을
절벽 틈에 뿌리 내린 떡갈나무가 보았고

바람과 맞서며 키워 온 제 몸을 떠나보내면서도 의연히 서 있는
갈참나무와 가문비나무가 보았고
전망대 벤치에 그늘을 내린 소나무도 내려다보았습니다
그러니 떡갈나무가 그곳에서 떠나지 않는 한
갈참나무와 가문비나무가 그곳에 서 있는 한
그대의 추억은 그곳에 남아 있을 것입니다

국사봉 진달래꽃

겨울이 휩쓸고 지나간 산에 진달래가 등불을 내다 걸었다
누가 보든 말든 꽃을 피우면서
산에 산에다 봄을 불러다 놓았다
산으로 들어가는 길가에 자란 나지막한 진달래도
오래전부터 산을 지켜온 진달래도
같은 색깔과 같은 모양으로 피어났다
오솔길 옆에 피었다고 자랑하지 않고
소나무 아래 가렸다고 불평하지도 않으며
사랑을 많이 받았다고 더 붉지 않고
사랑을 적게 받았다고 더 옅지도 않은
국사봉 가는 길의 진달래꽃
먼저 피어난 것들은
나중에 피어난 것들이 돋보이도록
자리를 양보하고
여기저기서 푸른 잎을 피운다

꽃도 바람을 그리워한다

관사 아래층에 사는 꼬마 아이가
퇴근하는 아빠를 마중 나왔다가
주차장 틈에서 꽃을 피운 쑥부쟁이 보고
꽃이 춤을 춘다고 말했다
아이 옆에 쪼그려 앉아 꽃을 보았더니
꽃이 아이를 보고 빙긋 웃더니만
온몸을 흔들며 춤을 추었다
나는 지금까지
꽃이 바람에 흔들리는 줄만 알았지
꽃이 춤을 추고 싶어 하는지를 몰랐다
우리가 누군가를 그리워하듯이
꽃도 바람을 그리워한다는 것을
그래서 꽃이 바람을 만나면
신이 나서 춤추는 줄도 모르고
지나가는 바람을 탓하기만 했다
우리 아이가 큰길 두고 좁은 길로 들어서면
아이의 친구를 탓했듯이

바닷가에서

하늘을 보면 바다를 알겠다
하늘이 푸르면 바다도 푸르고
하늘이 어두워지면
바다도 이내 잿빛으로 몸을 바꾼다
너를 보면서 나도 그랬다

장경리에서

장경리 해수욕장 건너 넘어가는 해는
구름이 가리고 간 일 탓하지 않고
바람이 긁고 간 일도 원망하지 않고
바다 밑으로 내려가는데
나는 퇴근하면서
마음 상한 일 가슴에 담고
아직 다가오지도 않은 일까지 걱정하며
집으로 간다

통일사 백구

백구는 통일사 앞마당에 앉아
장경리로 넘어가는 해를 보고 있었다
벚꽃 피는 것을 눈여겨보지 않고
꽃잎이 떨어지는 것에 눈길 한 번 주지도 않고
그저 검붉게 물들어 가는
하늘만 바라보고 있었다

나도 그렇게 살고 싶을 때가 있었다
가던 길 멈추어 서서
앞으로 살아갈 일은 세월에 맡기고
산사 처마 밑에서 흔들리는 풍경 소리와
솔바람 소리 들으며
산 너머로 내려가는 해만 진종일 바라보았다

국사봉에 오르며

국사봉에 올라와 보니
골짜기마다 봄이 먼저 와 있었다
여기저기서 꽃이 피고
여기저기서 꽃이 지고
꽃이 진 자리에는
어린잎이 뽀얀 얼굴 내밀고 있었다
산벚나무가 꽃망울을 터뜨리고
분꽃나무가 꽃향기를 날려 주어야
소사나무 굴참나무 오리나무도
숨겨둔 속잎을 내보일 텐데
아직은 햇살이 더 필요한가 보다
누구에게나 사랑이 더 필요하듯이

함께 걷고 싶은 길

너와 함께 걷고 싶은 길이 있다
영흥도 국사봉 둘레길
하늘 향해 곧게 자란 수천수만의 소나무들이
아무도 주목하지 않지만 당당하게 서 있고
산벚나무 굴피나무 오리나무는
둘레길 여기저기서 긴 팔을 내밀고 있다
둘레길 가는 초입에 진달래는
가냘픈 잎을 흔들며 새봄을 알리고
싸리나무는 수줍은 새색시처럼 얼굴 붉히며
여름 햇살이 내리는 길목으로 인도한다

산에 오르든 오르지 않든
햇살은 바다 건너편 하늘로부터 밀려오고
나무들은 묶어 놓았던 보퉁이를 펼쳐 보인다
꽃이 지고 난 산등성이와 골짜기에는
순하디순한 연둣빛으로 온 산을 물들인다
당진 앞바다에서 몰려오는 구름이
국사봉에서 머물렀다가 비라도 뿌리고 지나가면

산은 어느새 짙푸른 교복으로 바꾸어 입는다
그러면 언제나 말없이 학교를 내려다보는 국사봉과
허리띠를 두른 둘레길은 일상에서 벗어나
초록들이 춤추는 숲으로 오라고 부른다

마을에서 산길을 따라 걸어 삼거리에 접어들면
국사봉과 붉은노리로 가는 이정표가 보이고
소나무 잔솔을 밟고 산에 오르면
소사나무들이 집성촌을 이룬 듯이 마주하고 있다
내가 그들을 바라다보기도 전에
소사나무가 먼저 두 팔 벌려 나를 안아 주며
유년 시절의 아버지처럼 반듯하게 살라고 말한다
이 길이 없었다면 누구에게 위로받고 살았을까
이 산이 없었다면 하루 한 달을 어찌 보냈을까

함께 걸을 친구가 없을 때 곁에서 바라봐 주고
친구가 되어 주는 소나무 왕벚나무 굴피나무
무언가를 내려놓는다고 말하지 않아도

초록이 먼저 내 속에 묵은 것들을 가져가고
싱그러운 것으로 채워 주는 산
나를 다독이고 견뎌 낼 수 있었던 것은
국사봉 허리를 안고 도는 둘레길 덕분이다
생채기가 난 가슴이 아물어지고
찌든 영혼이 정갈해질 수 있었던 것도
산속 나무들이 나를 포근히 안아 주었기 때문이다

난초

한동안 잊고 살았던 사람이 보내온 축하 화분
묵은 마음밭에 구절초 한 송이 피어난다
아이들이 썰물처럼 빠져나간 사월의 금요일 오후
교정을 돌면서 많은 이야기 나누었지
갓 피어난 풀잎이 꽃보다 예쁘다던 사람
아이들의 작은 울림에도 은어처럼 떨고
아이들이 남긴 쪽지 한 줄에도 힘을 얻곤 했었지
햇살 머금은 나뭇잎이 떨어지는 가을날에는
마음 따뜻한 사람들 이야기하고
함박눈이 교정을 덮은 날에는
빛바랜 유년 시절 이야기를 하면서 함께 걸었던
그곳에서의 아름다운 추억이
초저녁의 별처럼 하나둘 밝아 온다
머잖아 난초의 꽃이 지고 꽃대가 마르고
언젠가는 화분마저 정원의 어느 구석에서 잠들겠지만
그림자가 길어진 오후에는 교정을 걸으며
인연의 밭에 물을 주어야겠다

비치 카페

갈매기가 기웃거리는 카페 앞 의자에
그녀는 바람꽃처럼 앉아 있었다
이른 봄을 눈부시게 빛냈던 벚꽃의 꽃받침이
우수수 떨어지는 소리에 놀라 피어나는
철쭉들의 포화 소리도 듣지 못한 채
조심스럽게 책장을 넘기고 있었다
뜰 앞 건너편 소나무 사이를 지나 스무 걸음만 내려가면
섬꾸지 바위에 잔물결이 찰랑거리며
초등학교 육 학년 소녀들처럼 조잘대는데
그녀는 그 소리도 듣지 못한 채
책의 바다에 빠져들고 있었다
그녀는 아마
두근거리는 바다의 심장 소리를 듣고 있는지 모른다
어부의 아들이 눈먼 아버지를 위해
대문에 밧줄을 묶어 뻘밭 그물 말뚝까지 이어 준* 대목에서
눈물을 흘리고 있는지도 모른다
사람들이 누군가와 인연을 맺다가도
옷에서 풀려 나온 실밥처럼 잘라 버리는 세상에

사람의 마음 깊은 곳까지 다가가
짧은 인연도 굵은 밧줄로 묶을 줄 아는 그녀
붉은노리로 넘어가는 햇살이 한 줄기
그녀의 얼굴로 스며들고 있었다

*김연용의 사진 기행첩 『아버지의 바다』에 실린 이야기

풍도 가는 길

이마에 주름 하나 허락하지 않던 날
풍도바람꽃으로 살았다던 그녀를 따라
풍도로 가는 배에 올랐다
오래된 인연의 끝은 아직도 여전한지
갯바람에 그을린 이장이 먼저 알아보고
두 손 잡아 흔들며 긴 세월의 틈을 반가움으로 채운다
그녀는 객실을 돌며 사람들을 만나 서로 간에 안부를 묻다가
선상 매점을 지키며 늙어 간 여인을 만나서는
누가 먼저랄 것도 없이 부둥켜안고 울다가
서로의 얼굴을 마주하며
세월이 할퀴고 간 지난날을 확인한다

풍도에 복수초와 노루귀가 피었다가 지고
안개가 끼고 걷히기를 수없이 반복하는 동안
낡은 교회당을 지키던 스물일곱 살 목사님은
일흔 살 할머니가 되었다는 이야기와
아직도 사진 속에서 활짝 웃는 어르신들이

몇몇은 마을 뒤 사생이꽃으로 피어나고
몇몇은 풍도를 지키는 별이 되었다는 이야기를 들으며
그녀의 추억이 숨 쉬는 풍도*로 간다

*대부도 앞에 있는 야생화 섬

풍도 해변에서

나도 저 돌처럼 잘아질 수 없을까
욕심은 깨어져 자잘한 모래가 되고
작은 소망은 조약돌만큼만 남긴 채 살아갈 수는 없을까
남은 세월 살아가면서 작은 꿈 하나 생긴다면
서로의 어깨를 기댄 콩돌이 되어
파도와 함께 노래 부를 수는 없을까

마스크

가끔은 입을 닫고 살았어야 했다
거친 말들은 채반에 걸러 보냈어야 했다
별것도 아닌 일로 가슴이 달아오를 때면
조금씩 식혀 가면서 말하고
날카로운 말은 다듬어서 내보내고
흐린 말은 맑게 씻어서 보냈어야 했다
지난날 그에게 했던 말들 돌이켜 보니
거지반 쓸데없는 것들
이제부터는 한마디 말도
정성을 담아 내보내야겠다

봄

그녀가 풍도에 가니
두릅이 속잎을 내고
어린 풀들이 일어나고
사생이꽃이 줄지어 피어나고
교회당의 종소리가 울려 퍼지고
바다에 나간 사람들은 뭍으로 올라오고
사람들의 얼굴에는 웃음꽃이 피어났다
드디어 풍도에 봄이 왔다

2부

호스피스 병실

요한병원 호스피스 병실
아버지의 마지막 가는 길 지키는 자리
아버지는 링거줄에 의지한 채
우리를 바라보고 계셨다
무슨 말씀을 하시려다 말고
다시 감은 눈에서 흘러나오는 눈물이
이승에서의 마지막 작별을 고하는 듯
깊은 주름을 타고 목으로 흘러내렸다
쓸쓸한 검버섯이 덮은 창백한 얼굴
황사가 휩쓸고 지나간 흐릿한 눈
여름 장마에 쓸려 나간 굴곡진 이마는
아버지가 평생을 일구고 살았던 고향 들녘이었다
유월의 들풀처럼 푸르러 본 적도 없고
마을 앞 느티나무로 우뚝 서지도 못하고
늦가을 갈참나무로 살아왔던 아버지
허리띠 조여서 우리들 가르치느라
당신은 배부르게 먹지도 못했는데
이승에서 마지막 이별하는 날까지

당신 걱정하지 말라고

항아리처럼 불룩한 배 내밀고 계셨다

어머니

평생을 쪼그려 앉아 김매던 어머니의 허리가
팔십 년을 버텨온 건 진통제 덕분이었다
그러나 약으로는 세월의 무게를 감당할 수 없어
추수가 끝나고도 한참이나 지난 가을
허리에 쇠붙이를 두 개나 박아 넣었다

어머니는 마취에서 깨어나면서부터
하루에도 몇 번이나 아랫입술을 깨물었고
견디는 일을 업으로 삼고 살다가
이듬해 봄이 되어서야 퇴원하셨다
그때 어머니는 우리를 보며 다짐했다
「텃밭에 풀이 우거져도 못 본 척할란다
마당 구석에 자란 풀도 안 뽑을란다」
그러나 퇴원 후 지팡이 짚고 걸을 만하니
그때 일 다 잊으시고
텃밭에 무 배추 심고 고추도 길러
한 달이 멀다 하고 김치 담가 보내신다

이제는 무릎이 아프시다며
보행기에 의지하여 걸으시는 어머니
김장 끝낸 초겨울로 수술 일정을 잡았더니만
수술 전에 집안일 미리 해야 한다고
하루 건너 한 번씩 진통제 맞으러 다니신다

그때 일을 벌써 잊으셨을까

어머니 말씀 1

두어 달 병실에 누워 지내다 보니
평소에는 잊고 살았던 일들이 많이도 떠오르고
하찮은 일들이 귀하고 고맙다는 것을 알았다

누워서 뒤척일 수만 있어도 고맙고
주렁주렁 매달린 링거줄만 떼도 고맙고
지지대를 잡고서라도 침상을 내려갈 수 있을 땐
정말로 고맙더라
보행기에 의지해 걸으면서
나도 걸음마 했던 때 있었으려니 생각하며
울 어매를 떠올리며 많이도 울었다

하루가 한 달보다도 더 긴 날들
뼈가 으스러질 것 같은 시간 보내면서
세상에 용서하지 못할 사람도
받아들이지 못할 일도 없다는 걸 깨달았다
그래도 세월이 약이라고 고통도 점차 누그러져
두 발로 걸을 수 있는 날이 되니

백억 가진 부자도 부럽지 않더라

생각해 보니
아프지 않았을 때는 몰랐던
앉고 서고 눕고 걷는 일을
혼자서 할 수 있다는 것이
눈물 나도록 고마운 일이더라

식탁에서

일터에서 돌아와
허기진 배 채우려고
숟가락 먼저 들었더니
두 손 모아 기도하는 젓가락이 보이고
두 눈 감고 기도하는 숟가락도 보이네
밥 한 숟갈
물 한 모금 넘길 때도
수많은 이들의 손길이 있었고
그동안 날 위해서
남모르게 기도한 이 많았다는 걸
오늘에야 알게 되네

임종실에서

짧은 해마저 차갑게 식어 가는 아버지의 임종실
하늘로부터 받은 그믐달 같은 휴가
눈물이 주름을 타고 입가에 닿으니
아버지는 그제야 입을 여셨다
「느그들은 우애 있게……」
아버지는 말씀을 끝맺지 못하고 입을 닫으셨다
나는 유년 시절
툇마루에 앉아 있는 서른 살 아버지를 떠올렸다
삼 형제가 하나 되어야 한다며
우리가 주워 온 회초리를 한데 묶어 끊어 보라 하셨던
그때 일을 회상하고 있는 것일까
우리가 분가하던 날 다짐했던 그때의 약속을
다시 확인하고 싶어 하시는 것일까
금방이라도 꺼질 것 같은 숨소리에 귀 기울이다
아버지 볼에 눈물방울 떨어뜨리자
아버지는 안도의 숨 내쉬며 눈을 감으셨다

어머니 말씀 2

식당 입구에 줄지어 있는 개업 축하 화환들을 보고
어머니가 아들에게 한 말씀 하신다
꽃들이 지금은 싱싱하겠다만
그것이 사흘을 못 넘기듯
니가 아무리 좋다고
누가 날마다 밥 사 먹으로 댕기겄냐

식당 앞에서 배웅하는 아들에게 또 말씀하신다
뿌리 없는 꽃이 금방 시들어 버리듯
남의 돈 빌려 시작한 장사도 마찬가지여
제대로 장사할라면 꽃길 다닐 생각 마라
사람들 마음속은 시궁창이랑게

길

사랑하는 아들아
네 길을 찾아 떠나라
네가 가는 길이
넓은 길이면 좋으련만
좁은 길이라도 두려워하지 말아라
세상에 어디 넓은 길만 있으랴
넓은 길도 가다 보면
그 길 끝에서는 좁은 길로 이어지고
때로는 길이 끝날 수도 있나니
그렇다고 돌아서지 말아라
수많은 사람이 그 길 끝에서 돌아섰지만
그들 중 어떤 이는
길 끝에서 나무를 베고 돌을 치워
자기의 길을 만들었나니
너는 너의 길을 만들어 가라

고려장

어머니의 무릎 수술이 끝나고
병원에서 나오는 길
그 옛날 고려장을 생각했습니다

이른 아침 수술대에 실려 갔다가
점심때가 되어서야 회복실로 온 어머니의 두 팔에는
링거줄이 바람에 찢긴 거미줄처럼 얽혀 있었고
얼마 남지 않은 피가 혈관으로 들어가고 있었습니다
오래전 호스피스 병실에서 본 아버지의 모습처럼
어머니의 얼굴은 하얗게 질려 있었고
깨어난 후의 고통을 알지 못한 채 깊은 잠에 빠져 있었습니다

얼마 후 마취가 풀리면서 어머니는 긴 잠에서 깨어나시더니
앞만 보고 달려온 세월의 고통을 달래느라
아랫입술을 몇 번이나 깨물었습니다
어머니는 무슨 말씀을 하시려다 말고

다시 감은 눈에서 눈물이 흘러나오고
젖은 목소리로 말했습니다
「오래 기다렸재 이제 갈 때가 안 됐냐
집에 가기 전에 점심은 사 먹고 가거라」

다시 눈을 감은 어머니의 모습을 보니
그 옛날 어머니를 지고 산으로 가는 아들을 위해
길목마다 솔가지를 꺾어 놓은 그 옛날의 어머니가 떠올랐습니다
물건처럼 어머니를 병원에 맡겨 둔 나는
병실 계단을 몇 번이나 오르내렸습니다

십자가

대지도 제 몸을 풀지 않은 삼월의 어느 일요일
사람들은 「십자가를 질 수 있나」를 결연하게 불렀다
십자가를 지고 죽기까지 따르겠다는 대목에서는
두 주먹 불끈 쥐고 목청을 높이자
그 노래는 새 떼처럼 날아가 강대상 십자가에 부딪혔다
가 쓰러졌다

6 · 25 전쟁이 한창이던 남도 어느 섬마을에서
십자가를 지겠다던 어떤 이는
손발이 묶이고 눈이 가려진 채 바다에 던져졌고
죽기까지 따르겠다고 서로 손 잡았던 어느 장로네 가족
들은
대창에 찔려 백사장 모래밭에 피를 뿌리며 고꾸라졌다
십자가 곁에라도 있겠다고 다짐했던 울 엄마는
주일마다 교회에 다닌 일로
아궁이 옆에 쪼그려 앉아 이십 년 세월 식은 밥만 먹어야
했다

그동안 많은 밤이 산기슭을 덮으면서

십자가를 지는 것도 버리는 것도 쉬워졌다

제 한 몸 던질 필요도 없고

소중한 것 포기할 필요도 없어졌다

그러나 나는 이 노래를 부르며

십자가에 매달린 예수를 바라볼 수 없었다

머리를 조아려서라도 출근해야 할 직장과

이승의 남은 날이 늦가을 해처럼 짧아진 어머니와

세상과 맞서 싸워야 하는 아이들을 걱정했다

내가 이 노래를 처음 부르던 스무 살 때는

내 안에서 알 수도 없는 뜨거움이 솟구쳐 올라

흐르는 눈물을 주체하지 못했다

나는 그때

이리도 어려운 노래를 어찌 그리 쉽게 불렀을까

미련

화장터에서 타다 남은 재가
유골함을 달구고 있었다
지난 오십 년의 뜨거운 삶과
이승의 땅끝까지 가 보지 못한 미련이었다

이 땅에서 맺은 인연 끊어 내기 얼마나 어려웠기에
아직도 식지 않는 것일까
모든 걸 포기하고 싶을 때 손 잡아 준 사람들
삶을 다시 시작할 수 있도록 토닥여 준 사람들
겨울 강처럼 얼어붙은 가슴에 따뜻한 온기를 지펴 준 사람들
얼마나 보고 싶기에 아직도 뜨거운 것일까

낮달

아우가 우리 곁을 떠나
낮달이 되던 날
침묵한 푸른 나무들 사이로
햇살은 따갑게 내려오는데
엄마는 하늘 보고
강물처럼 울었다

D-2016

나는 오늘 봄 햇살을 받으며
그대가 잠든 풀밭에서
그대를 불러 봅니다
그대는 보고 있는지요
나는 그대와 함께 걸었던 지난날을 돌아보며
그대가 서 있었던 곳에서 발을 멈추고
그대의 숨결을 느껴 봅니다
그대와의 아름다운 추억을 헤아리다가
오늘은 그대가 힘들 때 바라보던 남쪽 하늘과
바람에 밀려가는 구름을
소풍 나온 아이처럼 바라봅니다
그대는 구름처럼 살고 싶어 했지요
하지만 그대는 바람 같은 사람이어서
한순간도 구름이 될 수 없었기에
늘 누군가의 바람으로만 살았지요
그러나 지금은 바람이 될 수 없고
구름으로만 살 수 있어 좋겠어요
그대가 바람으로 살아왔던 세월만큼

그대도 이제는 누군가의 바람을 등에 업고

푸른 하늘을 날아다니며

무등산과 지리산도 다녀오세요

벌써 해가 기울어 갑니다

그대는 이제 서녘 하늘 노을로 타오르겠네요

유년 시절 운동회를 말할 때마다

기쁨이 넘치던 그대여

붉은 옷 차려입고 노을과 즐겁게 놀다 가세요

오늘 그대를 만나 행복했어요

그대 떠나고 난 그리움의 시간

여기 하나 더 얹어 놓을게요

눈물

내 나이 아마 열다섯 살쯤이었을 것이다
할아버지는 나를 불러 놓고 말씀하셨다
할아버지는 일본에 끌려가 쇠를 깎느라 손톱이 문드러졌고
일본이 패망한 그해 겨울
휴지 조각이 된 어음만 낡은 가방에 담아
물결 험한 대한해협을 건너오셨다
단 한 번의 배고픔도 모르고 산 내가
할아버지의 그 세월을 가슴으로 받아들일 수는 없지만
할아버지의 얼굴에 깊게 파인 주름 속에는
당신의 굴곡진 사연들이 주름살마다 박혀 있음을
어린 나도 조금은 알 수 있었다
그런데 당신에게 몰려온 해일은 그게 끝이 아니었다
흉년 들어 바가지 물로 배를 채우던 왜정 시대
바닷바람 훑고 간 마을에 호열자가 찾아와
한 집 건너 한 사람씩 저세상으로 데려갈 때
당신의 젊은 아내가 죽고 어린 동생이 죽고
팔 남매나 낳으면서도 굳건했던 당신의 어머니도 그리되어
멍석에 말아 차가운 산에 묻어야만 했다는

그 말씀을 하시면서는
세월이 가져가고 남은 몇 안 되는 이빨로
팔십 년 넘게 지탱해 온 할아버지의 눈에서도
뜨거운 눈물이 볼 계곡을 타고 흘러내렸다

믿음

「여름수련회 댕겨오다가
느그 집 아그들이 많이 다쳤다문서」
「우리 집 아이들이 다쳤기에 망정이지
다른 집 아이들이 다쳤으면 어쩔 뻔했어요」

매주 설교를 들어도
교회당 문밖을 나오기도 전에 잊어버리고
힘겹고 지친 삶 위로받으러 갔다가
무거운 짐 짊어지고 나올 때도 있는데
남의 아픔을 먼저 생각하고
자기의 불행을 감사함으로 바꾸는 그녀를 보며
나는 내 발등도 못 보는 바디매오였음을 알게 된다

아름다운 사람

하루도 거르지 않고
논과 밭에 나가
곡식 자라는 것을 들여다본 사람은
성실한 사람이다
가문 날은 양수기 돌려 물 대고
비 오는 날은 둑을 터서 물 빼고
논둑에 풀이 자라면
곡식 여무는 것에 방해된다며
일찌감치 풀을 벤 사람은
부지런한 사람이다
때에 따라 거름을 주되
웃자라지도 않게
약하지도 않게 키워 내며
곡식 키우는 일을
아이를 길러 내는 일과 같이 한 사람은
아름다운 사람이다

소천

고통의 옷을 벗었다더니
이제는 하늘 나는 새가 되었는가
하늘의 부름을 받으면
가는 사람이나 남겨진 사람이나
왜 아쉬운 것만 먼저 떠오르는 걸까
살아온 지난 삶을 돌아다보면 이리도 짧은 순간
인생의 끝자락에서는
행복하고 좋았던 일보다는
후회스러운 일만 거미줄처럼 얽혀 있기에
그것을 풀고 가기에는 시간이 짧기만 하겠지
그래도 그것들은 방학이 끝나기 전 숙제하듯 풀어야 하는데
병실에 묶여 있으니 얼마나 힘들었나
어떤 사람은 두 손 잡아 주어야 하고
어떤 사람은 부둥켜안고 눈물도 흘려야 하고
어떤 사람에게는 고개 숙여 미안하다는 말도 해야 하는데
그리 못하고 떠나 아쉬웠겠네
그대를 생각하면 지금도 나는

밤바다가 보이는 모래 언덕에 앉아
밤하늘의 별을 헤아리던 일만 떠오르는데
그대는 우리가 바라보던 저 하늘의 별로 떠나고 말았구려
그대가 잠시 한눈팔다 펼쳐 놓은 것은
여기 남은 우리가 개어 놓을 터이니
아쉽고 무거운 기억의 짐은 여기 내려놓고
행복한 추억만 싣고 은하수를 노 저어 가게나
먼 훗날 우리가 북쪽 하늘 작은곰자리에서 다시 만나면
그때 못다 한 이야기 나누며 밤을 지새우세

유언

인생 여정 마치고 차가운 관에 눕는 날
영정 사진은 삼지닥꽃처럼 환한 얼굴로 걸어 달라
그 아래에는 조그마한 이름표를 붙이되
이름 석 자 외에는 아무것도 쓰지 말라
영원하신 그 분 앞에 갈 때는
순백의 눈으로 씻은 영혼과
지금까지 누렸던 내 생의 기쁨과 행복
잊고 싶었던 슬픔과 고통까지
내 이름에 담아 갈 터이니
세상에서 나를 대신해 부르던 직함도
거추장스러운 감투도
이름 뒤에는 붙이지 말라

헌혈

네 이웃을 내 몸과 같이 사랑하라는 말
가슴에 두고 살다가
따뜻한 나눔 실천해 보겠다고
헌혈의 집 다닌 지 삼십 년
지금은 주삿바늘이 익숙할 때도 되었는데
바늘이 손끝을 찌르면
나도 모르게 고개를 돌리고
바늘이 핏줄을 파고들 때는
몇 번이나 숨을 참았네
예수는 십자가에서 손과 발에 못 박히고
옆구리를 굵은 창에 찔리면서도
옆에 매달린 죄수까지 걱정해 주었다는데
나는 피 한 봉지 빼면서 파르르 떨었네

3부

광야에서는 길을 묻지 마라

광야에는 길이 없다
낙타가 지나가며 파 놓은 발자국도
하룻밤 지나고 나면 사라지나니
광야에서는 길을 묻지 마라
광야는 양 떼처럼 많은 사람이 지나면서 길을 내었고
어떤 이는 전 생애를 끌고 가며 길을 내었을 터인데
북극에서 넘어온 바람이 광야의 길을 훑고 가면
사람들의 발자국은 세월 속에 묻히나니
애써 만든 길도 사라지고 만다
그러니 길을 내려고 힘쓰지 마라
사람의 일생은 광야의 모래에 지나지 않고
광야에서 피었다 지는 들풀에 지나지 않나니
무언가를 남기려고 애쓰지 마라
생의 길에서 무언가를 남기려다 보면
자기 가슴 바늘로 찔러야 하고
때로는 다른 사람 가슴에 생채기를 내기도 하는데
그 상처는 결국 자신에게 돌아오지 않던가

그래서 광야에는 날마다 바람이 불어와

사람들이 지나간 흔적을 모두 덮어 버린다

낙타와 함께

나 죽어 하늘에 갈 때는
낙타와 함께 가리라
황톳길이든 돌밭 길이든 가리지 않고
긴긴 사막의 강을
묵묵히 걸어가는
낙타와 함께 가리라
지나온 길 돌아다보지 않고
앞으로 갈 길 걱정하지 않고
오늘 걸을 수 있음에 감사하며 가리라
가다 지치면 아무 데나 주저앉아
부르튼 발 주물러 주고
무릎 꿇은 낙타 옆에서
살아온 지난날 되돌아보리라
마음 착한 사람들과 등 토닥이며
소소한 이야기로 많은 밤을 밝혔던 날도 행복했고
무거운 짐을 지고 휘청거렸던 날도
내 안에 절망이 자욱했던 날도 아름다웠네
가다가 가다가

하느님 전에 가는 길 가다가
큰바람 불어 모래 먼지가 눈을 가리면
아껴 두었던 눈물 꺼내어
속세의 연을 씻어 내고
가다가 가다가 오아시스 만나면
마른 목 축이고
세상에 얼룩진 영혼 정갈하게 씻겨서
낙타 등에 얹고 가다
하느님 전에 바치리라

그리운 고비

고비에 가던 날
가슴에 남아 있던 욕망의 부스러기마저
고비에 내려놓고 왔다고 생각했다
그런데 고비를 다녀온 후부터
노을이 질 때면 가슴을 붉게 물들이는
그리움 하나 더 가져왔음을 알게 되었다
비가 내리지 않아도 한 철을 견디는 억센 풀과
바위에서 떨어져 나온 뒤 세월의 흐름을 거부한 돌들이
가슴의 언저리를 구르고 있었다
바람이 불어 흙먼지가 온 하늘을 덮을 때면
가슴속에서 잠자던 먼지가 일어나 인생의 들판을 덮고
다시 모래바람이 불어와 광야를 덮고
거친 머릿속까지 휩쓸고 지나갔다

가끔은 모래들의 숨소리만 허덕이는 사막에 가 있었다
모랫길을 걷기 힘든데 언덕은 높기만 하고
발을 덮는 모래가 수렁으로 변해
발목이 빠지고 무릎까지 잠겨 오는데

어둠이 소나기처럼 몰려오는 무서운 꿈이었다

고비 언덕에 오르던 날도 그랬다
숨 막히도록 뜨거운 여름날의 해 질 무렵
북극 하늘을 떠돌던 모진 바람이
고비까지 찾아오는 줄도 모르고
붉게 물들여 가는 사막만 넋 놓고 바라보다가
낚싯바늘에 걸린 물고기처럼 떨었는데
그 고비가 왜 그리운지 모르겠다

카르둥라

라다크 고원길 카르둥라*
별들도 떨다 가는 바람의 언덕
수수만년 얼음 덮인 골짜기에
팔월의 햇살마저 싸락눈이 되어 돌아오는 고원
내 전생에 어느 젊은 날
야크와 함께 이 언덕 오르내렸다지만
이생에서 만난 카르둥라는
내가 밟을 땅이 아니라는 걸
몸이 먼저 알아 버렸다
심장은 두근거리고
머리는 얼음장처럼 갈라지고
얼굴은 누룩처럼 부풀어 올랐다
더는 한 걸음도 나아갈 수 없었다
욕심과 허영을 안고서는 지나갈 수 없고
이생에 업을 지고서는 들어설 수 없는
여기는 신들의 땅
하늘의 신탁을 받은 모세도 신발을 벗어야 하는 곳이기에

나는 다르쵸 휘날리는 돌탑 아래

묵은 욕망 한 짐 내려놓고 고개를 내려왔다

* 인도 잠무·스리나가르 주에 있는 언덕으로, 차가 다닐 수 있는 세계에서 가장 높은 도로

로탕라 가는 길

바람도 넘기 힘든 로탕라* 가는 길
사철 내내 얼음을 안고 사는 산들이
팔월의 햇살을 받으면서
여기저기 부르트고 갈라져
절벽 위에 난 비탈길마저
흙무더기로 덮어 버리니
너에게 가고 싶어도 갈 수 없다
너를 사랑한 까닭으로 여기까지 왔는데
더 이상 나아갈 수 없으니
우공이 돌아와 길을 낼 때까지
여기 멈추어 서서
지나온 길이나 내려다나 보자

이곳에 찻길이 열리기 전
토번의 대상들은
험한 산을 돌고 돌아 천축국으로 넘어가고
천축국 대상들은 이 길 넘어서
토번으로 가고

당나라로도 갔다는데

한번 가면

해를 넘기고서야 돌아왔다던 이 길에

수많은 그리움 흘리고 다녔으리라

눈앞에 마주한 로탕라

한달음이면 오를 수 있는 바람의 언덕

그 아래 벼랑길로 줄지어 선 수백의 짐차들

어떤 이는 어린 것들 먹여 살리기 위해 델리로 가고

어떤 이는 그리움을 찾아 스리나가르로 넘어가느라

꼬리를 물고 달려들지만

장벽이 된 돌무더기를 마주하고서

오지도 가지도 못한 채 한숨만 몰아쉰다

로탕라, 이 언덕을 넘어서야

하늘호수 판공호로 갈 수 있고

달라이라마의 고산 마을로도 갈 수 있는데

무너진 흙더미 앞에서

지나온 내 인생처럼 이번 계획도 뒤틀리고 말았다

서두른다고 해서 빨리 가지도 못하고

천천히 간다고 해서 느리게 가지도 않는

로탕라 가는 길

우리네 인생길

*인도 잠무·스리나가르 주 레 라다크 가는 길에 있는 높은 언덕길

낙타

사막의 길목은 낙타들의 땅
태양도 쉬어 갈 곳 없는 황야에서
낙타들은 서로의 몸을 기대어
발아래 작은 그늘을 만든다
끊임없이 쏟아지는 햇살과
땅에서 올라오는 열기는 여전한데
낙타들은 성냄도 원망도 없이
태양을 숙명처럼 지고 있다
등에 솟은 흉측한 혹과 두툼한 목
눈을 덮은 기다란 눈썹과
부스러진 털에 앙상하고 잘록한 꼬리
그 옛날 광야를 누비던 동물들이 쓰러져 갈 때도
그 때문에 살아남을 수 있었으리라
무거운 몸 낮춰 무릎 꿇을 수 있었기에
그 목숨 부지할 수 있었으리라

팡고원을 지나며

한때는 바위였던 지구의 껍질이
비바람에 갈라져 돌덩이가 되고
자갈이 되고
햇볕에 그을리고 세월의 비에 씻기어
모래벌판이 되었는데
고원을 지나던 사막여우가 금빛에 반해
가족 품에 돌아가지 못하고
사막에 먼지 한 줌 더해준 팡고원*

아주 먼 옛날 그 옛날부터
여기에 터를 잡은 모래들도
날마다 누런 숨 헐떡이며
물 한 모금 달라고 애원하는데
몸에 흐르는 땀조차 말라붙어
아무것도 내놓을 수 없다

전생에 내가
인도 비하르 어느 역에서

돈 한 푼 달라고 손 내밀던
어린 소녀였을지도 모르는데
그 아이의 손 뿌리친 일 후회하며
팡고원을 지난다

*인도 잠무·스리나가르주 사추에서 라다크 가는 길에 있는 고원

타지마할 1

일생에 한 번은 가 보고 싶은 곳
일생에 한 번은 가 봐야 하는 곳
뭄타즈의 무덤 타지마할
세상 어느 왕의 궁궐이
이보다 더 아름다울 수 있을까
태양도 여기 왔다가 넋을 잃고
별들도 이른 저녁부터 야무나강에 모여드네
평생토록 한 여자만을 사랑하는 것은
진정 아름다운 일인데
영혼까지 바쳐 사랑하면 안 되는 일일까
한 생을 바쳐 뭄타즈를 사랑했고
그녀가 저세상으로 떠난 후에도
그녀를 놓지 못해 넋이 나간 샤자한의 사랑은
오늘도 미나렛 위에서 서럽게 빛나고 있다
살았을 적 뭄타즈에게 못다 한 사랑이 한이 되었을까
그녀의 죽은 몸이라도 눈부신 무덤에서 잠들게 하고 싶어
무덤을 궁궐로 만든 그의 고집스러운 사랑은
사람들 가슴에 못을 박고 말았네

그래서 백성의 고통을 외면한 사랑은
아름다움이 아니라 추함이라고 말하는 걸까
그는 백성의 눈물을 빼앗은 대가로
타지마할을 눈앞에 두고도 갈 수 없었네
결국 죽어서야 아내 곁에서 잠들었던
그의 애달픈 사연을
야무나강은 아직도 기억하는지
타지마할을 보며 서럽게 흐르고 있었다

캘커타행 야간열차

델리에서 캘커타까지
기다림을 안고 가는 사람들
보고 싶은 마음 하나만으로
한 달간의 피곤함도 잊은 채
열차 칸 기둥에 기대어 서서
긴 밤을 견뎌 내고 있었다
사람들은 쉴 새 없이 고개를 끄덕이다가
덜커덩거리는 소리에 놀라 잠이 깨고
다리가 풀려 넘어질 듯하다가도
기적 소리에 놀란 몸이 다시 중심을 잡곤 했다

어둠은 창밖에 가득하고
가로등 하나 서 있지 않은 시골길에
차가 하나 지나가고 나면
동네는 이내 어둠 속에 묻힌다
열차가 달리면서 만나게 되는 마을의 가로등과
아직 잠들지 않은 어느 집 창밖에 내건 불빛이
그의 위로가 되는지

달리는 철길의 밤을 굳게 지켜 내고 있었다

잠에 빠져든 사람들
막차를 놓치고 허둥대는 꿈을 꾸다가 놀란 듯
잠에서 깨었다가 다시 눈을 감고
가끔은 폭죽처럼 쏘아 올리는
기적 소리에 놀라 일어나지만
어느새 잠이 들고
야간열차는 거친 숨을 토해 내며 달려간다
가야 할 길은 멀기만 한데
타국의 열차 안에서 뜬눈으로 밤을 샐 수 없어
기억이 거슬러 가는 아득한 유년 시절부터
내 삶에서 혼자였던 시간을 찾아본다
하지만 그런 날이 떠오르지 않는 것은
많은 날 바쁘게 살아왔기 때문이리라

열차는 어둠 속에서도 길을 잃지 않는다
어디로 갈 것인지 허둥대지도 않는다
곧은 길 가면서도 넘어지지 않도록 자신을 채찍질하고

유혹에 빠져들지 않도록 기도하며
목적지를 향해 달리면서도 뒤돌아보지 않기 때문이다
아무리 가야 할 길이 분명하다지만
어쩌면 자신에게 그렇게 가혹할 수 있으랴

멀리서 열차가 기적을 울리면
이내 간이역의 불은 밝아지고
열차 안 사람들은 머리를 빗고 짐을 챙겨 든다
일찍부터 밤을 지켜 온 사람들 중에
어떤 이는 뚝뚝이에 몸을 실어 어디론가 떠나고
어떤 이는 그리운 사람을 만나 손을 잡고 어디론가 사라진다
그러나 누군가를 만나지 못한 사람들은
광장의 시계를 올려다보며 간이역을 지킨다

겨울이 지나간 자리에 봄풀이 돋아나듯이
열차의 빈자리는 다시 채워지고
기차는 잠시 숨을 가다듬는다
사람들이 떠난 철길의 가로등은 어두워지고

열차는 다시 힘을 내어 달린다
어딘가 가야 할 곳이 분명하다면
어둠은 더 이상 절망이 될 수 없다

열차는 얼마나 달렸을까
마을의 골목을 비추는 가로등이 꺼지고
동네가 흐릿하게 나타났다 사라진다
다시 광활한 들판이 보이자
열차는 반갑다는 듯 기지개를 켜고
너른 들판을 향해 기적을 울린다
주저하던 어둠이 물러가면
하늘은 이내 붉게 물든다
새벽은 어머니가 차려 준 어린 시절의 아침 밥상처럼
누구에게나 찾아오는 것인데
열차 안 사람들은 이 새벽을 얼마나 기다렸는가
침상에는 아직도 정리하지 못한 모포가 어지러이 있는데
짜이를 실은 수레가 굴러온다
드디어 열차의 아침이 시작된다

더 브로드 미술관
– '석양'을 보고

들판 너머로 해가 지고 있었다
하루를 바쁘게 살아간 사람들의 발길도 끊어지고
하루를 뜨겁게 태우다 남은 태양의 조각들이
하루의 끄트머리를 붙잡고 있었다
저녁노을에 수평을 맞추기라도 하듯이
지평선 따라 반듯하게 나 있는 길은
점점 지워지고 있었다
내 안에서도 노을이 지고 있었다
바람이 불다 그치고
생의 하루를 올곧게 살아간 작은 풀들이
서녘 하늘로 넘어가는 해를
넋 놓고 바라보고 있는데
두 갈래 길에서 나는 어디로 가야 하는 걸까
한번 가면 돌아갈 수 없고
한번 들어서면 돌이킬 수 없다는 것도 안다
길이 어두워지기 전에 가야만 한다
그러니 새로운 길은 생각할 수 없다
내 인생의 해 질 무렵

내 발걸음이 멈추어 버린 그곳에서

걸어왔던 삶을 후회한다고 하더라도

부석사에서

그대여 우리가 다시 만난다면
단풍잎 흩날리는 가을이면 좋겠어
나밖에 몰랐던 옹졸한 마음도
서툴러서 힘들게 했던 미안한 마음도
나뭇잎 더미에 내려놓고
은행나무처럼 마주 서서 바라보면 좋겠어

그대여 우리가 긴 세월 보낸 후 다시 만난다면
오늘처럼 푸른 하늘에 흰 구름만 떠 있는 가을이면 좋겠어
누구나 하나쯤 곱게 간직한 자랑거리도
인생 살며 단장한 허영심도
산사를 스쳐 지나가는 바람에 날려 보내고
돌계단에 말없이 앉아서
가을 산만 바라보면 좋겠어

사천왕상을 지나며

별것 아닌 일로 마음 상해
가슴에 쌓아 놓은 미움과 원망은
지국천왕 발밑에 두고 싶다

봄바람이 흔들고 간 허영과
별빛으로 덧칠한 어설픈 교만은
증장천왕 칼 아래 두고 싶다

하지만 그 사람 사랑한다면서
그 가슴에 생채기만 남겼던 미안함은
차마 내려놓을 수 없으니
대웅전 부처님 발밑까지 안고 가
용서를 빌고 싶다

어느 식당

목포 하당 어느 식당 벽에 매달린 현수막
쌀은 국내산
김치도 국내산
나물도 국내산
소고기 돼지고기도 국내산

종업원까지 국내산이라며 써 붙인 주인장
하루가 멀다고 새것만을 쫓아가는 세상에서
우리 몸에 들어가는 것만은
그 옛날의 우리 것이어야 한다는
식당 주인장의 고집스러움이 나에게
무엇을 고집스럽게 지키며 살았는지 물어본다

소청도 등대 가는 길

사생이꽃이 산골짜기에 별빛으로 덮인
소청도 등대 가는 길
죽어서는 사생이꽃으로 피어나
길을 걷는 이들에게 기쁨을 주고 싶다더니
길 따라 줄지어 핀 유채꽃을 보고서는
유채밭에 들어가 유채꽃이 된 사람
사생이꽃이 될까
유채꽃이 될까 생각하며 걷다가
등을 곧게 세운 냉이를 보고서는
향기를 내뿜는 냉이꽃이 되고 싶다던 사람
파도가 절벽을 타고 올라오다 부서지고
이내 바람을 만들어 올라오는 산길에서
지친 다리 뻗고 앉더니
이제는 등대 가는 길에 바람이 되고 싶다네
오늘 하루는 꽃이 되고
구름이 되고 안개가 되고
때로는 바람이 되어 걸어가는
소청도 등대 가는 길

농여 해변 해넘이

농여 해변의 해넘이가
아름다운 이유는
갈매기 떼 앉아 있는
풀등 너머로
바다 끝을 빨갛게 물들이며
내려가는 해를
어둠이 내리도록 바라보는
두 사람이 있기 때문이다

농여 해변에서

풀등을 걷다가 저 멀리에
풀등 가운데 내려앉은 작은 바다를 보고
거기는 바다 오아시스라며
환호하며 걸었다
우리는 오아시스에 발을 담그고
아무 말도 하지 않은 채
기울어 가는 해만 바라보다가
문득 우리가 걸어왔던 풀등을 돌아보았다
풀등에 찍힌 발자국은
분명 에덴을 찾아가는 흔적이었다
얼마 후 파도가 밀려오면
오아시스는 사라지고
풀등에 남긴 발자국도 사라질 것이다
하지만 우리가 그날을 기억하는 한
우리가 찾은 오아시스나
우리가 남긴 흔적은 사라지지 않을 것이다

4부

연평도

연평도가 포격을 받은 지
여러 해가 지난 지금도
포성이 할퀴고 간 자국은
초등학교 담벼락에서
어제 일처럼 되살아오고
마을 품은 뒷산은 그때의 아픔을 잊지 못하고
검은 흉터 자국이 여기저기 남아 있네

포탄이 우박처럼 퍼붓던 날
학교와 마을과 포구에서는
포성이 하늘을 가르고
불길은 폭죽처럼 치솟아 올라
마을과 들과 산에
전염병처럼 옮겨붙자
어떤 이들은 언덕 아래 숨고
어떤 이들은 바닷가 절벽 밑에 숨어들어
질긴 목숨 건졌지만
혼자서 피할 수 없던 사람들은

불타는 마을만 지켜보아야 했네
사람이 좋아 바다가 좋아
산에 뿌리 내리고 수백 년 살아온 나무들은
차례대로 푸른 목숨 내놓았네

우두커니 서 있는 검은 나목들
도토리 한 알 남기지 않고 지나간
잔인한 전쟁의 흉터 위에
겨울바람은 몹시도 차가웠네
사람들이 떠난 섬마을에 혹독한 추위가 찾아오고
그해의 겨울은 더디 갔지만
제 몸 타들어 가면서도
저를 포기하지 않은 풀들이 서로를 감싸 주면서
빈 마을의 겨울을 지켜 내자
물러갔던 봄이 찾아오고
섬을 떠났던 사람들도 다시 돌아왔네

연평도 바닷가에서는 아직도

차가운 갯바람이 그날의 포성처럼 불어오지만
다시 아이들의 웃음소리가 학교 담장을 넘고
마을 사람들이 다시 배를 끌고 바다로 나가자
헐벗은 나무 아래서 숨죽이고 살던 진달래와 제비꽃이
산을 덮은 들풀들이
다시 봄을 피워 낸다

그리움

연평에다 내 마음 내려놓고
섬을 떠나온 탓인지
포격의 흔적처럼 그날에 멈추어 있다
거기에서 산 날보다
여기에서 살아온 날이 숱하게 지나갔지만
잠에서 깨어 아침 안개를 보면
아침 배는 떠날 수 있을지
오늘도 부질없는 걱정을 한다
거기를 떠나온 후
도시의 편안함에 기대어 살고 있지만
내 마음은 아직도 부둣가를 서성거리고
가래칠기 해변에 내려앉는 노을을 바라보고 있다
이제는 부둣가에 있는 나를 데려오고
안개 낀 해변을 서성이는 나를 데려오지만
아이들에게서 카톡 글이라도 받는 날이면
나는 어느새 부둣가에서 서성거린다

그리운 이름

바다 건너 서북쪽 외딴섬에 밤이 찾아오면
숨었던 별들이 불을 밝히고
누군가를 기다리고 있습니다
바다 건너편에 가족을 두고
홀로 떠나온 사람들이 그러하듯이
나는 오늘도 별들이 떠 있는 바닷가에서
하늘의 별들을 헤아려 봅니다
아득한 옛날부터 제자리를 지키는 별들 중에
아직도 이름 없는 별을 찾아
어머니의 이름을 붙이고
아이들의 이름을 붙여 봅니다
오래전 우리 곁을 떠나간 아버지
지금은 서쪽 하늘 어딘가에서 내려다보고 있을 어릴 적 친구들
밤마다 밤하늘의 별을 헤아리는 것은
보고픈 이들의 그리움 때문입니다

인사 발령

같은 관사에 살면서
같은 바다를 보고
같은 하늘과 별을 보면서
가족에게 돌아갈 같은 꿈을 꾸고 살았다
추운 날은 바닷바람을 걱정하고
날이 풀리면 안개 덮인 바다를 걱정하며
배가 오는 날만을 기다리며 살았다
이제 그대들은
그토록 꿈꾸던 뭍으로 돌아가
바다 걱정 안 해도 되겠지만
한동안은 새벽마다 전달되는 바다 소식 들으며
깜짝깜짝 놀라기도 할 것이다
하지만 이제 그 걱정은 우리의 몫이다

안개가 밀려오는 날

안개가 밀려오는 날이면 그 섬이 그립다
안개로 배가 선착장에 묶이는 날이면
학교 돌담길 연분홍 벚꽃마다 눈물을 떨어뜨리고
거리를 오가는 사람들이 집으로 돌아가면
검은 안개만이 홀로 남아
골목을 채우고 마을을 채우고
급기야는 산과 바다까지 덮어 버렸다
나는 파도 소리 잠든 갯가에서
언젠가 꽃처럼 피어날 날을 기대하며 살았다
그렇다고 그것이 아리거나 아픔으로 남지 않았다
누구나 어딘가로 떠나 보면 알게 되듯이
뭍으로 떠날 날을 손꼽아 기다리던 날들도
아름다운 추억으로 남게 된다는 것을
거기를 떠나온 지 여러 해가 되었지만
내 마음은 아직도 그곳에서 서성거리며
아침마다 기상청 바다 날씨를 검색한다
거기에 내 무엇을 내려놓고 왔기에
안개가 밀려오는 날이면 더 그리워지는 걸까

가을밤

푸른 하늘에서
길 잃은 별들이
순백의 선물을 갖고 내려오는 밤
이른 봄부터 여름까지
뱃길을 막은 안개가 없고
반달 가린 먹구름도 없다
비 갠 뒤 밤하늘에서
아이들의 재잘거리는 소리만이
풀숲으로 스며드는 시간
아이들이 지나가면
풀벌레들은 그 소리 듣고 싶어
노래를 멈춘다

해안초소 앞에서

바다로 향한 철문이 굳게 잠긴

구리동 해안초소 앞에서

나는 오늘도 너를 파랗게 떠올린다

학교에서 돌아오는 길에

갯고둥을 따 오고

모시조개를 파 오던 너

우리에게 찾아온 고통은 웃음으로 바꾸고

어떤 두려움이나 절망도 희망으로 만들던 너는

우리에게 언제나 기쁨이고 행복이었지

그런데 네가 안갯속으로 사라지면서

네가 준 기쁨도 함께 사라지고

차가운 슬픔만 고스란히 남아

너와 함께한 날만큼이나 긴 세월 동안

네가 남긴 슬픔을 등에 지고 걸어가야 한다

눈 내리는 성탄절

오늘은 연평에서의 추억이 함박눈으로 내리는 날
그동안 밀린 이야기를 철 지난 옷처럼 구겨 넣었다가
오늘에야 꺼내 놓는 날
얼른 보고 싶다
나도 얼른 보고 싶다
다들 보고 싶은 마음이 연평에서 출항하는 배를 타는 날과 같다
눈 내린 성탄절이 아니었다면
선착장에서 찬바람에 떨었던 얘기나
안개로 사나흘 발이 묶인 얘기도 아니었을 테고
연안부두에서 출항만 기다리다
힘없이 집으로 돌아간 이야기도 아니었을 것이다
다들 일주일 남짓 기다렸다가
직장에서 만나는 사람들처럼
새해가 되면 남들이 으레 하는 말이었을 텐데
오늘은 고운 눈이 내리니
그리움의 말만 하게 된다

진달래

북에서 날아든 포탄으로
마을과 학교와 뒷산까지
뜨거운 불길이 솟구쳐
소나무 잣나무 참나무
땅속 생명들까지
비명을 지르고 죽어 갈 때
그 무서움 어떻게 참아 냈을까
하늘을 찢는 포탄 소리
유리창 깨지는 소리
불꽃을 단 포탄이 떨어져
마을이 불타는 것을 보면서
그 두려움 어떻게 견뎌 냈을까
사람들이 섬을 떠나고
온 산이 어둠으로 가득할 때
그 외로움의 시간 어떻게 삭혀 냈을까
가슴에 맺힌 것들
겨우내 참아 냈다가
오늘 이렇게 온 산에 피를 토해 놓았네

안개 주의보

고래가 죽어 밀려왔다는
고래준골 바다 건너편에는
안개 공장이 있나 보다
소리 없이 내려온 안개가
해주 앞바다를 덮고
연평도를 덮고
당섬 선착장 넘어 소연평도까지 덮으면
남과 북은 어느새 하나가 된다
우리가 바라던 통일이 이렇게 올 순 없을까
대전차도 탱크도 안개 속에 묻어 버리고
서로의 가슴에 총질하는 미움도 덮어 버리고
안개가 사라진 어느 날
순백한 마음만 갖고 나올 순 없을까

관사

창문을 열어 놓으니
새들의 이야기 소리 들려온다
그동안 춥다고 문을 닫고 사는 동안
마음의 문도 닫혀 있었나 보다

성당 앞 무논에는
알에서 깨어난 아기 백로들이
어미 백로를 따라와
고운 다리 물에 담가 먹이를 찾는다
성당의 아침 종소리가 울리면
어미 백로를 따라
성당 지붕 십자가를 향해 날아갔다가
다시 습지로 돌아와 발을 담근다

아기 백로들은 여기에서
제힘으로 나는 법을 배우고
먹고 사는 법을 배워야
돌아오는 가을에는 남국으로 떠날 수 있기에

무논에서 모이도로

고래준골로 넘어들면서

긴 여행 떠날 몸 만드느라 여념이 없다

시를 읽다가 울어 버린 그녀

시화전에 전시된 시를 읽다가 울어 버린 그녀
가슴 속에 어린 목련이 자라고 있기 때문이다
험한 세상 살아가려면 억척스러워야 한다지만
겨울바람을 잠재우는 것은 순결한 마음이다
얼마나 정갈하게 살았으면
눈 속에서 맑은 샘물이 흐르고
얼마나 착하게 살았으면
아이들의 작은 흐느낌에도 숨죽여 울었을까
그녀의 가슴 속에 순백한 별이 내려와 자라고 있기에
시를 읽다가 울어 버렸으리라

연평해전 승전탑

당섬 선착장 가는 길
연평해전에서 우리 군이 이겼다고
높다란 승전탑 세워 놓았네
전쟁은 가혹하게도
언제나 이긴 자들의 생명도 요구하기에
별 같은 이들이 탑의 기단을 받치고 있네
젊은이 한 사람 한 사람
누군가의 사랑스러운 아들로
누군가의 따뜻한 사람으로 살다가
사랑하는 이를 만나 꽃 피는 날을 약속하고
귀여운 아이들의 아빠로 살면서
좋은 세상으로 한 발짝 밀어 넣었을 텐데
세월이 가도 그들은 아직도
스무 살의 앳된 젊은이
그들의 위대한 희생은
한동안만 사람들 가슴에 남았다가
세월이 흐르면서 낡은 종잇장처럼 닳아 버렸네

학부모동아리 전시회

다들 목이 말랐었나 보다
학창 시절이 그리웠나 보다
무서리가 창문을 감싸안는 십이월의 겨울밤
연평의 학부모 독서동아리 회원들이
연평학교 실내 광장에 모여
꽃을 잘라 꽃꽂이를 하면서
어떤 이는 에덴의 봄을 만들고
어떤 이는 오월의 신부를 만들고
어떤 이는 사무치는 기다림을 만들며
따뜻한 이야기꽃을 피운다

어떤 이는 글씨로 수를 놓아 가며
된진낭*이 보이는 시화첩을 만들고
어떤 이는 시화 병풍을 만들고
시화 양초대를 만들면서
추억이 살아나는 그리움으로 바꾼다
또 어떤 이는 젊은 날의 흑백사진을 걸어
함께 했던 지난날을 행복하게 하고

말라빠진 연 줄기에 생명을 불어넣어
하늘로 올라가는 꿈을 꾸게 한다

작은 손길과 따뜻한 마음을 하나로 모아
빛나는 감동을 만들어 내는 학부모동아리 전시회
작품을 만드는 이들의 입가에서
쉼 없이 행복이 새어 나온다

*연평도 바닷가에 있는 언덕

등대 카페

모진 바람이 배를 사흘째 묶어 버린
십이월의 둘째 주 월요일
연평학교의 고운 손들이 모여
크리스마스트리를 세우고
빈 벽에 반짝이와 아기 전구를 붙이고
추위를 물리치는 전등 몇 개를 밝혔다
카페 입구에는 인생길 안내하는 등대를 세우고
길손들 쉬어 가라고 예쁜 간판도 내다 걸었다

아이들과 선생님들이 모여
박수와 환호성으로 카페의 등을 밝히자
차가웠던 카페에 장작불이 타오르는 것만 같다
나는 별들이 기웃거리는 창가에 앉아
아이들이 건네준 차를 마시며
학창 시절의 나를 돌아다보다가
담장 앞에 서 있는 측백나무를 바라다보았다
그것들은 지금의 내가 있도록
비바람과 눈보라를 막아 내고

나를 감싸 준 이들이라는 걸 알게 된다
이제는 내가 학교 밖 돌담이 되고
아이들은 돌담 아래 고운 나무가 되도록
남은 겨울 착한 거름이 되어야겠다

웃음과 기쁨으로 차를 끓이고
행복을 담아 나르는 등대 카페
아이들을 보고 있는 것만으로도
마음이 따뜻해진다

뱃삯

연평도 뱃삯 육만 원
우리 부부 한 끼 외식비
인천에서 삼백 리나 떨어진
서북방 먼바다 섬마을
황해도가 눈앞에 보이고
북방한계선 아래 걸터앉은 섬에
배가 아니면 한 걸음도 뗄 수 없는데
배를 탈 때마다 뱃삯만 생각했다
두 시간이나 험한 물살 가르고
때로는 비바람과 맞서 싸우고
때로는 눈보라를 걷어 내고
때로는 안개 속을 헤쳐서
아무 일 없이 데려다주는데
배를 탈 때마다 비싸다고 투덜댔다

5부

비 오는 아침

비좁은 찻길에서
줄지어 선 차량 사이를 비집고 갈 수 있는 것은
꽃 같은 사람들의 양보가 있기 때문이다
수많은 날을 시간에 맞춰 출근했던 것도
바람처럼 마주 오는 사람들의 배려 때문이었고
앞서가는 사람들의 따뜻한 마음 때문이었다는 것을
비 오는 날 아침에야 알게 된다

비닐 한 장

찬 바람 불어오는 새해의 어느 날 밤
엊그제 내린 눈은 거대한 얼음덩이가 되어
새해의 밤마저 얼리는데
세탁실 외벽 창문에 붙인 비닐은
풍선처럼 두툼한 배 내밀고서
영하 15도에도 세탁실을 지켜 내고 있더라
누군가를 지키기 위해서는
외로움과 두려움을 견뎌야 하고
때로는 자기 한 몸 던져야 하는 일
창문 비닐은 지난 며칠 추위에 떨면서
누군가를 지키기 위해 떨어 본 적이 있느냐고 묻더라

헌혈의 집 1

살아 있다는 것이 얼마나 아름다운지
헌혈의 집에 와 보면 압니다
열일곱 해까지 순결하게 간직한 것을
남모른 누군가에게 드리겠다고 달려온 발길과
봄풀 내음 가득 안고 온 연인들
아이들에게 따뜻한 세상 보여 주고 싶어
어린아이 손잡고 온 젊은 부부들
백 회 기념사진을 찍는 젊은이들까지
가진 것 내어 주면서도 기쁨이 넘쳐납니다
빈손으로 와서도 나누어 줄 수 있고
가난해도 베풀 수 있는 일
들어올 때는 빈손이지만
나갈 때는 해맑은 사랑을 받고
때 묻은 영혼까지 정갈하게 씻겨서 나가는 곳
무언가를 내놓을 수 있다는 것이 얼마나 행복한 일인지
헌혈의 집에 와 보면 압니다

순이

오늘은 순이네 아들 결혼식 날
보물처럼 숨었던 소꿉친구들이 찾아와 식장을 채우자
지금은 세 아이의 할머니가 된 연이가
보리수나무 아래서 건빵 점심 먹던 유년 시절을 이야기하며
우리의 시계를 그때로 되돌려 놓는다
그러면 누구랄 것도 없이
가슴속 서랍에 넣어 두었던 흑백사진을 꺼내 든다
하지만 우린 언제나 순이의 추억 사진을 보는 것으로 이야기를 시작한다

순이는 열일곱 살에 이웃 동네 사내 만나
달덩이를 품고 산다는 소문이
앞집 담을 넘고 이웃 동네 지나 학교까지 찾아갔던지
육 학년 때 선생님이
미역 다발과 배냇저고리까지 사 들고 찾아왔단다
순이는 불룩 나온 배를 보일 일이 부끄러워
정광 문 걸어 잠그고

얼굴을 지푸라기 속에 묻었는데
햇살은 촉새같이 문틈으로 들어와
순이가 여기 숨었다고 말해
심장 소리가 선생님한테 들릴 것 같았다나
선생님이 마당을 몇 바퀴 돌고 나가자
선생님 생각하며 많이도 울었다고

순이가 철이 든 서른 살
그때 일 못 잊어 선생님 찾아갔더니
선생님은 몹쓸 병을 얻어
하늘의 별이 될 날만 기다리고 있었다지
순이는 선생님 만나 고맙다는 말도 못 하고
눈물만 쏟아 놓고 왔다고
순이는 집으로 돌아오는 내내 선생님 눈가에 맺힌 눈물 못 잊어
유년 시절 친구들 모아 다시 선생님 찾아가
스승의 은혜를 부르다 말고 또다시 눈물만 흘렸다나
그때 선생님 모습이 마지막이었다고

순이의 이야기는 눈물이 반이고 웃음이 반이다
뒷불 모래 언덕이 바다로 쓸려 가 들판으로 바뀌는 동안에도
유년 시절을 아름답게 이야기하는 것은
그녀의 가슴 속에 초저녁 밤하늘에 뜬 별들이 들어와 살고 있기 때문이다

가로수에게

하늘을 덮은 누런 먼지
자동차에서 뿜어 나오는 매연
숨쉬기 힘들겠다

스물네 시간 달리는 자동차
고장 난 소음기 달고 달리는 오토바이 소리
시끄러워 고단하겠다

햇살이 지나간 서늘한 저녁 시간
새들의 노래 들으려 하면
개 짖는 소리 전철 지나가는 소리
참 짜증 나겠다

하루 일을 마치고 눈을 붙이려 하면
환하게 밝힌 가로등
참 괴롭겠다

넌 어떻게 사니

단풍 1

세상에 먼저 나왔다고
먼저 물드는 것은 아니다
세상에 늦게 나왔다고
늦게 물드는 것도 아니다
나뭇잎은 서로 바라보며
앞서거니 뒤서거니
물들어 간다

아픔

바늘에 찔릴 때
아픔을 느끼게 한 것은
남의 아픔 느끼라는 것이다
남의 아픔 받아들일 줄 알아야
찔리는 아픔 참아 낼 수 있고
자신을 내려놓을 줄 알아야
뜨거운 피 내놓을 수 있나니
찔리는 아픔 두려워하지 말자
바늘에 찔릴 때
움찔하지 않는 사람 있으랴마는
누군가에게 줄 수 있음에 감사하면서
여린 팔뚝 내밀어 보자
바늘에 찔릴 때는 눈을 찔끔 감아 보자
사람의 얼굴이 아름다울 때는
헌혈하다 바늘에 찔려 찡그릴 때고
사람의 흉터가 자랑스러울 때는
헌혈하다 바늘에 찔린 자국이리니
오늘은 아름답게 찡그려 보자

미지근함 예찬

미지근하게 살았다고 후회하지 말아라
뜨겁게 산 날 돌아다보니
사람들 나에게 델까 봐 도망갔고
차갑게 산 날 돌아다보니
사람들 나에게 찔릴까 봐 다가오지 못했더라

부활절 새벽

예수님이 다시 사신 날을
유년 시절 소풍 날처럼 기뻐해야 하지만
가슴이 설레지 않았다
성서를 펴 들고 예수의 빈 무덤 이야기를 읽어 보았으나
막달라 마리아의 기쁨은 고사하고
수제자 베드로의 당황함도 없고
낙담하여 엠마오로 가는 제자들의 마음도 아니었다
부활 부활 부활
몇 번이고 되뇌었지만
내 가슴에는 지난밤부터 검은 안개만 밀려왔다

아침 해가 안개 속에서 꿈틀거리는 부활절 새벽
어둠으로 가득한 가슴을 어쩌지도 못하고
관사 앞을 걷는데
어린 냉이꽃이 제 몸을 흔들며 말했다
주님의 부활에 참여하는 것은
사람들의 가슴에 꽃을 피우는 것이라고
그래서 나는 관사로 들어가

계단에 걸린 거미줄을 걷어 내고

파란 하늘이 보이도록 유리창을 닦았다

억새꽃

사랑한다 사랑한다
아직도 잊지 못하고
가슴속에 담겨 있는 애틋한 사랑이
억새꽃으로 피어 흔들리고 있네
지난날 가진 것이 없었고
지금도 가진 것이라고는 희뿌연 눈물뿐
그마저 얼마 지나지 않아
아침 안개처럼 사라지겠지만
사랑하는 마음만은 순결했다고
가을 하늘에 흩날리는 억새꽃

행복

너와 만나기로 약속한 날부터
유년 시절 봄 소풍 기다리는 마음으로
하루를 보낸다
아직도 만나야 할 날들이
겹겹이 쌓여 있는데
너와 약속을 한 다음부터는
하루하루가 왜 이리도 더디 가는지
자주 만난다고 해서 행복이 아니라
오랜만에 만나도
보고 싶은 사람을 만나는 것이
행복이라고
오늘도 파란 하늘에 써 본다

성탄절 오후

함박눈 날리는 성탄절 오후
외롭고 가난하고 가슴 짓눌린 이들을 찾아왔던
유대 땅 청년의 마음을 품고
우리는 해고 노동자 사무소를 찾아 나섰다

듬성듬성 찢겨 나간 낡은 천막 안에는
해고된 날을 말해 주기라도 하듯
낡은 달력이 고장 난 시계처럼 멈추어 있고
구릿빛 얼굴에 긴 수염을 한 중년의 사내가
난롯가에 앉아 있었다
우리는 그을음이 피어나는 난로를 마주하고
등받이가 떨어져 나간 철제 의자에 앉아서
그들이 공장에서 쫓겨나 두 해 겨울 천막에 살면서
가족마저 흩어진 이야기를 숨죽여 들어야만 했다
하지만 그들에게 해 줄 수 있는 것이라곤 아무것도 없어
외롭고 차가운 그들의 손을 잡고
그들의 작은 꿈이 이루어지기를 기도했다

눈이 내리고 그 위에 다시 눈이 쌓여
대지를 환하게 비춰도 해는 기울고
우리도 집을 찾아 나서야 할 시간
하지만 그들만 찬밥처럼 남겨 둔 채 떠날 수가 없어
성탄절 선물로 받은 것은 그곳에 남겨 두고
우리의 마음이 따뜻해지기를 기도했다

우리는 그을음으로 탁해진 천막을 나오다
문 닫힌 공장 위로 불어오는 바람이 눈을 쓸어 내리는 것을 보고
천막 모서리에 쌓인 눈을 쓸어 내어
우리가 움켜쥐고 살았던 작은 소망도 거기에 묻어 두었다

그들을 움츠리게 한 이 겨울이 머잖아 가면
모질게 내리는 눈이 그치고 바람도 그쳐서
공장에도 천막에도 따스한 햇살이 내릴 터이니
그러면 겨우내 얼었던 땅이 녹고 물이 흐르게 될 것이기에

그 땅에서 그들의 꿈과 우리의 작은 소망이 함께 싹트도록 주일마다 두 손 모으기로 했다

시계 3

사람들이 일을 마치고 쉴 때도
쉼 없이 일하는 사람이 있다
아이들이 따뜻한 겨울 나도록
밤늦도록 일하는 사람이 있다
상처 준 일 있어도
엄마의 마음으로 받아들이고
그가 뉘우칠 때까지 기다리며
밤새워 기도하는 사람이 있다
세상은 눈치껏 살아야 한다지만
빨리 가는 길 놔두고
강물이 흐르듯 굽이굽이 돌아가는 사람이 있다
자기를 알아주는 이가 없어도
서운해하지 않고
묵묵히 제 할 일을 하는 사람이 있다
한눈팔지 않고 제 길 가는 사람이 있다

송내역

송내역 앞 건널목
신호등 앞에서 지팡이를 짚고 선 할아버지
오월의 햇살을 머리에 이고
길을 건너려고 엉거주춤 서 있다
신호등이 초록으로 바뀌자
사람들은 종종걸음을 하고
할아버지도 그들 뒤를 따라가려 하지만
세월의 무게는 다리에 쌓이는지
발걸음은 더디기만 하고
팔 차선 건널목이 멀기만 하다

종종걸음으로 길을 가다 말고 할아버지를 보던 한 청년
가던 길 돌아서 할아버지 곁으로 가더니
할아버지 발걸음에 맞춰 걸어온다
인생은 기다리지 않는 세월이라는 것을 말해 주기라도
하듯
반도 못 가서 신호등이 붉게 물들자
청년은 할아버지 손을 잡고 길을 걷는다

건널목 앞에 서 있는 차들도 멈춰 서서
청년과 할아버지가 지나갈 때까지
저녁노을 지는 것처럼 지켜본다

텃밭을 가꾸며

고추 오이 한 이랑
방울토마토 가지 너덧 대
김매어 가꾸어 가지만
호미 자국 가시기도 전에
독새풀 바랭이 날아와 자리 잡았네
얘들한테 밥그릇 빼앗기고
얼굴까지 해쓱해진 아기 토마토가 안쓰러워
곁에 있는 녀석들 쫓아내지만
바람이 훼방 놓고 지나가는 날이면
깨풀 개여뀌까지 따라 들어와
보란 듯이 서 있네
텃밭 가꾸는 일은 마음 가꾸는 일
평소에는 평안함이 자리 잡지만
누군가와 얼굴 붉히는 날에는
원망과 분노가 따라 들어와
잡초밭이 된다는 걸
텃밭을 가꾸며 알았네

코스모스

가을 들판에
코스모스가 길을 따라 피었습니다
코스모스는 찬 바람 부는 가을이 되어서야
숨겨 놓았던 꾸러미를 풀어
가냘픈 제 몸 흔들고 있습니다
코스모스는 흔들리면서 피어나고
흔들리면서 자라납니다
바람은 종일 코스모스를 흔들어 대지만
꽃잎 하나 떨어뜨리지 않는데
나는 많은 세월 흔들리며
소중한 것들 놓치며 살았습니다
그래도 이만큼 살아온 것은
나약함과 부족함 때문이며
세상에 내세울 것이 없기 때문입니다
정직하게 일했던 가을 들판을 향하여
몸을 흔들어 감사하는 코스모스처럼
이 가을 이렇게 살아야겠습니다

6부

엽서

오랜만에 받아 본 편지다
우표가 붙고 우체국 소인 찍힌 엽서가
지구 반대편 프랑스에서 날아왔네

학교에 첫발을 내딛던 때의 제자
그녀도 지금은
흰 머리카락 숨기기 위해 애써야 하는 중년의 여인
남들처럼 바쁜 세상 살아가면서도
틈틈이 시간을 내어
나이 든 제자들의 소식을
곱게 다림질하여 보내 주는 사람

인생의 가을 문턱에 들어선 사람은
사랑한다는 말보다 보고 싶다는 말이
차가운 가슴 따뜻하게 한다는 것을 알기나 하듯이
고운 글씨로 보고 싶다 써 놓았네

열 번의 기도보다

한 통의 전화가

한 장의 엽서가 편지가

서로의 가슴에 별이 된다는 것을 알기라도 하듯이

승진 발령

화분보다 떡보다
소문이 먼저 왔네
학교에 첫발 들여놓았을 때의
마음과 사랑을
하나씩 끄집어내어
거울에 비추어 보고
사람들 만날 때마다
내가 먼저 웃으며
그 마음과 사랑을 담아 인사해야겠다

특수학급 선생님

교실에선 수행평가와 기말고사 준비로
느티나무의 푸르름을 더해 가는데
영서는 오늘도 한 시간이나 지나서야 학교에 온다
계단 손잡이를 잡아야만 걸을 수 있는 아이
머리 감는 것이나 옷 입는 것도
엄마 없이는 십 년 후에나 생각해 볼 수 있는 일
오늘은 차 안에서 꿈쩍도 하지 않는다
엄마는 달콤한 말로 타일러 보고
윽박질러 보기도 하지만
지난 사흘 내린 비로 둘 사이에 샛강이 생겼는지
영서는 느티나무만 멀거니 바라다본다
영서를 달래러 온 특수학급 선생님
아이의 눈가에 맺힌 굵은 눈물 보고
교실로 뛰어가서 알까기 판 가져와 영서 앞에 내놓자
영서는 그제야 선생님 손 잡고 교실로 간다

시골 학교

도심 학교에서 십오 년이나 뿌리를 내리고 산 그녀
마음에 부르튼 종기 이만저만이 아니라 해서
시골 학교 선생 해 보라고 했더니만
사십 년 동안 흙 한 번 안 묻히고 살았는데
풀덤불 속에서 살 수 있겠느냐고
걱정부터 펼쳐 놓던 그녀
지난해 봄
북녘이 보이는 섬에 발령받고서도
마음의 짐 내려놓지 못하더니만
한 달 만에 산벚나무 좋아하고
풀벌레들의 노랫소리에 흠뻑 빠진 그녀
인제는 시골 학교에서 나오지 않으련다
다시는 시내 학교로 돌아가지 않으련다
풀벌레처럼 읊조리네

스승의 날

여러 해 전에 가르쳤던 연평의 아이들이
학창 시절에 숨겨 놓았던 마음의 다락방에서
그때의 추억을 꺼내어
세상에서 가장 아름다운 말을 써 보냈다
사랑해요
보고 싶어요
듣고 들어도 또 듣고 싶은 말
보고 싶은 마음 있어도
차마 보낼 수 없었는데
내가 하고 싶은 말들을
그들이 대신 써서 보내는 스승의 날

인연
- 제물포중 근무했던 선생님들을 만나

민들레가 새봄을 준비하는 이월의 마지막 날
지난 몇 달의 번거로움을 내던져 두고
보고 싶은 마음 하나만 가지고 간다
마주 앉아 근무한 지 십 년 세월 지났어도
세월은 이들을 비켜 간 듯
얼굴과 눈빛과 목소리는 여전하기만 하다
얼마나 잘 지냈느냐는 말보다
그들 가슴에서는 아픔이 먼저 터져 나온다
아이들이 무심코 던진 말에 가슴이 무너지고
모진 사람이 쳐 놓은 덫에 발목이 묶여서
해 질 녘에는 마음의 고름을 짜내면서
기나긴 날 모질게 견뎌 낸 이야기를
추억처럼 말하는 그들을 마주하며
나도 그동안 닫아 놓았던 가슴을 열어 본다
여린 가슴에 못이 박히면서도
지난 일 년 꿋꿋이 견뎌 온 이들
홍역처럼 퍼진 생채기를 닦아서 싸매고
일 년에 한 번쯤은 서로의 마음에 새 옷을 입혀야

남은 삼백예순 날을 견뎌 낼 수 있다는 것을 알기에
서로에게 기댈 수 있는 어깨가 되어 본다

그날

안개가 새벽하늘에 가득합니다
안개가 온 땅을 덮는 날은
지금도 그날의 부끄러움이 떠올라
가슴을 먹먹하게 합니다
당신은 기억하고 있는지요
그때 그날을
선생이란 제자들에게
정직하게 살아가는 모습을 보여 주어야 하고
불의에 굴하지 않는 모습도 보여 주어야 하며
내가 가는 길이 비록 광야에 내쳐지는 일이라고 해도
옳고 선한 길이라면
아이들 앞에서 당당하게 걸어야 하기에
청년 예수를 끌어안고 번민을 거듭했지요
나를 버림으로 그를 살릴 것인지
나를 살림으로 그를 버릴 것인지를
당신은 기억하고 있는지요
그를 버릴 수밖에 없었던 나의 나약함을
그리고 그 나약함의 대가가 무엇이었다는 것을

진정한 뉘우침은
오롯이 마음으로부터 우러나와야 하는 것인데
내일이 아닌 오늘을 선택한 나는
말 한마디 할 수 없는 존재가 되어
마음에 없는 글 한 줄 쓰고 나왔네
그런데 말로 수없이 지껄였던 것보다
그 종이가 더 정직했다는 것을
당신은 아직도 기억하고 있는지요
그 종이에 나를 가두고 학생들 앞에 서던 날
아이들은 아무 말도 하지 않는데
나는 부끄러워 고개를 들 수 없었네

졸업

첫 만남은 어색했는데
몇 번 만나다 보니 정이 들어
내 마음 빼앗겨 버리고
그게 뿌리를 내려서
이제는 뽑아낼 수가 없구나
함께 있을 때는 몰라도
떠나고 나면
좋은 일만 별이 되는 게 아니라
힘들었던 일도 별이 되더라

어떤 애는 잘 웃어서 좋았고
어떤 애는 편지를 보내 주어서 좋았다
어떤 애는 수다를 떨어서 좋았고
어떤 애는 속이 깊어서 좋았다
어떤 애는 수업 시간에 대답을 잘해 주어 좋았고
어떤 애는 온종일 잠만 잤지만 학교에 나와 주어 좋았다

이제 고등학교 삼 년의 기억은 추억의 한 장면으로 남겨 두자
그날의 추억은 하늘의 별로 빛나게 하자
학창 시절의 아름다운 별들도 세월이 흐르다 보면
어떤 별은 사라지고
어떤 별은 빛을 잃어 가겠지만
우리가 함께 이름 붙인 별만 뚜렷이 빛나게 될 것이니
세월이 달음질쳐 너희들의 이마에 주름살이 늘어도
여기에서의 추억 하나는
아름다운 별로 남겨 두자

먼 후일 너희들과 다시 만나 이야기할 때는
추억의 사진첩에서
별 하나쯤은 꺼내놓으면 좋겠다

개학

이불 속에서 나오기 싫다
이대로 한동안 누워 있으면 좋겠다
아무 영문도 모른 채
삼월 한 달 끙끙 앓다가
산벚꽃 흐드러지게 피는 날
아무 일도 없었다는 듯 훌훌 털고 일어나
그 꽃잎들 바구니에 가득 담아
아이들 등굣길에 뿌리고 싶다

인생

인생의 시곗바늘이 한 바퀴 돌아오면
세월의 나이테가 많아져
마음이 강처럼 넓어지고
가슴도 따뜻해질 줄 알았다
그래서 저 건너 마을에 연탄 한 수레 보내고
그들 가슴에 내려앉은 아픔을 만나
내 마음에도 따뜻한 눈물 흐를 줄 알았는데
난 여전히 예전 그대로 살고 있다

모과나무가 되고 싶다

내가 죽어 나무로 태어난다면
모과나무가 되고 싶다
느티나무처럼 잎이 무성하지도 않고
벚나무처럼 꽃이 화려하지도 않는
나무들 사이에서 있는 듯 없는 듯 자리한 나무
앞마당 가운데는 자리 잡을 수 없어
담장 밑에서 집을 지키다가
사람들을 반겨 맞지만
눈길 한 번 받지 못한 나무
가을이 되어 열매를 맺지만
과일로 대접받지도 못하는 나무
사춘기 아이처럼 마음 어쩌지 못하고
여전히 고집이 세고 누렇게 들뜬 얼굴
인생의 가을이 와서 검버섯이 있지만
아직도 젊은 날의 푸르름을 간직한 모과
제 삶의 전부였던 것을 버리기로 결심하면
마당이든 풀밭이든 가리지 않고 뛰어 내려와
저 있는 곳을 향기로 채우는 모과

보기만 해도 향기가 스며들고
가슴까지 몽롱하게 만드는 향기 덩어리
몸이 검게 문드러져 가면서도
향기만은 처음 그대로 간직한 모과
내가 죽어 나무로 태어난다면
모과나무가 되고 싶다

쌀의 기도

그대 앞에 갈 때는
물로 빨아 햇볕에 말리고
이슬 뿌려 곱게 다린
노란 저고리도 벗어 놓고 가겠습니다
가슴에 남은 찌꺼기도 씻어 내고
그저 순백의 사랑만 지닌 채
정갈한 몸으로 가겠습니다
세상에 살면서 생긴 얼룩 지워질 때까지
씻고 또 씻긴 다음
별빛이 담긴 고운 샘물로 헹구어서 가겠습니다
아직도 더 내려놓아야 할 것이 있다면
이른 봄의 부끄러움과
늦가을의 안타까움이려니
그것들은 뜨거운 기도로 연단한 후
순결한 것으로 만들어 드리겠습니다
그리고 그대 앞에 꿇어앉아서
그대의 사랑만을 기다리다가
그대 가슴 속에 순백한 사랑으로 남고 싶습니다

기다림
- 연평고 제자들을 기다리며

유월의 느티나무 같은 젊음도 없고
내일을 내다보는 번뜩이는 눈도 없고
여름 장마가 할퀴고 간 들판 같은 얼굴로 산 나에게
선생님 찾아갈게요라고 하는 말은
진정 보고 싶은 마음이리라
이른 봄의 민들레처럼 해맑게 살다가
몇 번의 가을을 갈잎에 싸서 보내고
엄마를 섬에 두고 뭍으로 건너와
지금은 도시의 숙녀로 자랐을 아이들
바닷바람에 그을린 주근깨는 지워졌겠지
눈 아래 굵은 줄을 그려 눈은 더 돋보일 테고
단정하게 묶은 검은 머리는 갈참나무 빛일 거야
그래도 눈 속에 맑은 샘은 그대로 있겠지
나는 제자들을 기다리면서
어린 시절 소풍날을 손꼽는 아이가 된다

후기

김병훈

학교에 근무하면서 서른아홉 번째 여름을 맞는다. 금년에 맞는 봄은 남다르기만 하다. 이는 내가 학교생활에서 맞는 마지막 봄이기 때문일 것이다. 이번 봄이 끝나고 여름 더위가 극성을 부릴 무렵, 나는 그동안 몸담았던 학교를 떠난다.

생각해 보니 초등학교 때부터 학생 시절을 포함하면 57년간 학교에 다녔다. 그렇다 보니 내 인간관계의 대부분은 제자들과 선생님들이다. 그러니 내 인생에서 학교를 떼 놓으면 나는 아무것도 아니다. 내 인생이 학교이고, 학교가 내 인생이다. 나는 아마 죽을 때까지 학교 이야기만 하고, 학교 꿈만 꾸고 살지도 모른다.

나는 그동안 여러 학교에서 근무했는데, 그중에서 가장 오래도록 이야기할 곳은 연평고와 인천영흥고 근무 시절이다. 연평고는 교사로서 마지막 근무지다. 북방 한계선과 맞닿은 연평도는 바람과 안개로 인해 격주 혹은 한 달에 한 번씩 집으로 갈 수 있었다. 근무하는 내내 많은 걱정거리를 안겨다 주었다. 하지만, 그것은 불편함이 아니라 오히려 내게 축복이었다. 나는 시내에 나가지 못한 주말에는 산길을 걸으며 들풀을 보고, 들꽃과 말을 걸었다. 때로는 구리동 해변에 앉아 해넘이를 보고, 밤에는 부두와 등대길을 거닐며 하늘에 별을 헤아리기도 했다.

인천영흥고는 내 교직 생활의 마지막 학교다. 섬 아닌 섬 영흥도, 주중에는 영흥도에서 살다 보니 퇴근 후는 온통 나만의 시간이었다. 그래서 국사봉 둘레길을 걷고, 맹꽁이 울어 대는 논둑길을 걸었다. 때로는 십리포 데크길을 걷고, 걷다 지치면 데크길 바닥에 다리를 뻗고 앉아서 해가 바다에 잠긴 후 초저녁 별이 뜰 때까지 넋 놓고 있기도 했다.

농어촌 생활은 나에게 자연과 더 가까워질 수 있는 계기가 되었다. 늘 보던 자연이지만 자연은 내게 많은 영감을 주었다. 자연과 친숙해지다 보니 나도 모르게 시심이 깊어 갔다. 여기에 실린 시들은 대부분 두 학교에 근무하면서 쓴 것들이다. 그러고 보면 나는 시골 학교에 근무하면서 갑절의 축복을 받은 셈이다.

시를 읽고 미리 검토해 준 연평도 조은주 선생님, 영흥중 김경하 선생님과 정은미 선생님께 감사드린다. 그리고 내게 편지와 카톡 글을 보내 힘을 더해 준 제자들, 시집 간지 그림을 제공해 준 영흥중 수채화 동아리 학생들 (현재는 고등학생), 표지 그림을 그려 준 김신일 선생님과 오래전부터 좋은 인연을 이어 가며 응원을 보내 준 선생님들, 지인들 모두에게 감사드린다.

2025. 5. 인천영흥중고 관사에서

해설

경험적 삶으로서의 시

송기흥(시인)

하늘을 보면 바다를 알겠다

하늘이 푸르면 바다도 푸르고

하늘이 어두워지면

바다도 이내 잿빛으로 몸을 바꾼다

너를 보면서 나도 그랬다

─「바닷가에서」전문

　오늘 아침 뒷산 산책길에서 나뭇잎들이 햇살 속에서 어룽대는 모습을 보며 아직 잠이 덜 깬 내 마음까지 환하게 밝아오는 것을 느꼈다. 매일 가는 산책길이지만 날마다, 오솔길을 오르내리는 순간마다, 느낌이 다르고 생각이 달라지고 마음도 새로워지고 있다는 걸 나는 아침 산책을 통해서 몸소 체득하고 있다.

　살아가면서 대상이 나에게 어떤 영향을 끼치고 나는

또 그 대상으로부터 어떤 영향을 받아 날마다 새로운 '나'가 되어 가고 있는지 이번 김병훈 시집을 통해서 다시 한 번 확인하는 계기가 되었다.

하늘과 바다도 서로 마주 보며 색깔을 같이 하며 하나가 되어 간다는 것, '너를 보면서 나도 그랬다'처럼 그 대상이 종교적인 것이든, 이성과의 사랑이든, 가족 간의 사랑이든, 또는 친구 간의 우정이든, 사제간의 사랑이든 인간은 많은 것을 주고받으며, 서로에게 영향을 미치기 때문에 어찌 보면 나는 나만이 아니라는 것, 나 속에는 수많은 당신들이 함께하고 있다는 것이다.

나와 김병훈 선생과의 인연도 그런 맥락에서 이해한다면 '나' 속에도 김병훈 선생이 있고 김병훈 선생 속에도 '나'가 있을 것이다.

그를 처음 만나고 벌써 40여 년의 세월이 흘렀다. 우리는 아이들을 가르치는 교사로서, 그것도 같은 과목을 가르치는 교사로서 불과 2, 3년간의 짧은 만남이었지만, 더욱 돈독한 정을 나누었던 것 같다. 그는 늘 웃는 얼굴로 학생들을, 동료 교사들을 대하고, 가르치는 일이든, 학생을 상담하는 일이든 정성을 들여 최선을 다하는 모습을 보여 주곤 했다. 아마 교사로서의 전형을 보여 주듯 늘 주변의 귀감이 되곤 했던 것을 40여 년 세월이 지난 지금도 잊을 수가 없다.

그가 공립 학교로 전근을 가고 광주에서 인천으로 거처를 옮기고 또 무수한 빗살무늬들이 우리들 얼굴에, 마음에 그어진 사이에 어느덧 나는 퇴직을 했고 그는 퇴직을 앞두고 있다.

교직 생활 틈틈이 시를 쓴다는 것은 마음 한 켠에 한 떼기 꽃밭을 가꾸고 있다는 것. 거기에는 민들레, 질경이, 제비꽃, 원추리로부터 작약이며 모란, 장미 등의 화려한 꽃들도 물론 피어 있을 것이다. 중요한 것은 그가 그 꽃밭을 가꾸는 주인이라는 것, 그의 삶이 아름다움 쪽을 향하고 있다는 것이다. 문득 "아름다움이 세상을 덮으리라"고 했던 도스토예프스키와 그의 저작(著作)들이 생각나는 건 무엇 때문일까?

이번 그의 시집의 내용은 교사로서의 삶, 신앙인으로서의 삶, 연로하신 부모님을 모시는 자식으로서의 삶, 여행자로서의 삶, 자연인으로서의 삶 등으로 읽힌다.

장경리 해수욕장 건너 넘어가는 해는
구름이 가리고 간 일 탓하지 않고
바람이 긁고 간 일도 원망하지 않고

바다 밑으로 내려가는데

나는 퇴근하면서

마음 상한 일 가슴에 담고

아직 다가오지도 않은 일까지 걱정하며

집으로 간다

-「장경리에서」전문

  장경리 해수욕장 넘어가는 해와 시적 자아는 똑같이 하루를 보내는데, 해는 아무 탓, 아무 원망 하지 않고 바다 밑으로 내려가는데 '나'는 퇴근하면서 마음 상한 일은 물론 아직 다가오지도 않은 일까지 걱정하며 집으로 간다. 물론 해라고 아무 근심 걱정 없이 하루를 마치겠는가마는 인간은 별것을 다 가슴에 담고 집으로 가고, 아직 일어나지 않을 일까지 걱정하며 집으로 간다.

  몇 년 전 3월 신학기였는데 한 고3 제자가 찾아와 고민을 털어놓은 적이 있다. 본인은 디자인을 공부하고 싶은데 부모님은 막무가내 법대를 지원하라는 것이 고민의 요지였다. 그 학생의 이야기를 들어 주던 나는 아직 다가오지도 않은 일을 미리 걱정하느냐? 나중에 원서 쓸 때 걱정해도 늦지 않을 것이니 공부에 전념하라고 조언을 해 준 적이 있는데, 그 조언이 얼마나 어리석은 것이었는지 나는 곧 깨닫고 만 적이 있다. 그렇다. 걱정 근심이 어디 마음대로 된 적이 있던가? 인간이 하는 근심 중의 95%는 대부분 쓸데없는 걱정, 즉 기우라고 한다. 그걸 알면서도 인간은 근심 걱정으로부터 벗어나지 못한다. 아직 다가오지 않은 일까지 가슴에 담고 조마조마 마음을 졸인다. 인간이기 때문이다. 인간이기 때문에 불안하기 때문이다. 그런 불안의 마음이 인간을 인간답게 하고 그런 인간다운 사람들이 모여 사는 곳이 또 이 세상 아니던가? 사적 자아의 인간다움, 소시민으로서의 아름다움이 대자연인, 바다 밑으로 지는 해와 잘 대비되어 나타난 시라고 이해할 수 있다.

    로탕라, 이 언덕을 넘어서야
    하늘호수 판공호로 갈 수 있고
    달라이라마의 고산 마을로도 갈 수 있는데
    무너진 흙더미 앞에서
    지나온 내 인생처럼 이번 계획도 뒤틀리고 말았다
    서두른다고 해서 빨리 가지도 못하고
    천천히 간다고 해서 느리게 가지도 않는
    로탕라 가는 길
    우리네 인생길

                  -「로탕라 가는 길」부분

문득 이 시의 후미 부분에서 헤르만 헤세의 유명한 소설 '싯다르타'가 생각나는 건 무엇 때문일까? 싯다르타, 온전히 '나'란 존재는 무엇이며, 나는 누구인가?란 의문을 품고 출가하여 일생을 참된 자신의 모습(아트만)을 찾아 헤매지만 결국 그는 인생의 막바지에 상인이 되고, 뱃사공이 된 늙고 초라한 자신의 모습을 발견하고 만다. '나'란 무엇인가에 대해 품었던 물음은 온데간데없고 험난한 인생의 길 위에서 일생을 보내 버린 한 초라하고 늙은 뱃사공과 마주하고 만다.

   종교가 성했던 고대 인도에서는 남자가 결혼하고 아이를 한둘 낳으면 출가를 한다고 한다. 그들은 이승에서 험난하고 고통스러운 삶을 보내면 보낼수록 다음 생에서는 더 축복받은 생을 누리게 된다고 믿는다고 한다. 그러니까 이승은 온전히 다음 생에 대한 준비 기간이라고 봐도 무방할 것이다. 그리하여 당시 인도의 사내들은 출가하여 온갖 고난과 역경을 마다하지 않고 도를 닦으며 기약도 없는 삶을 떠돌다 집에 돌아온다고 한다. 집에 돌아오면 그 아내는 몇 년이 됐을지 몇십 년이 됐을지 한 번도 씻지 않은 남편의 발을 씻어 주고 존경의 뜻으로 그 물을 마신다고 한다.

   '나'란 무엇일까? '나'는 누구일까? 이 시에서 시적 자아는 마치 싯다르타처럼, 인도의 사내처럼 티벳과 천축의 경계 로탕라에서 자신의 존재에 대하여, 인생에 대하여 사유하게 된다. 그렇다. '지나온 내 인생처럼 이번 계획도 뒤틀리고 말았다. 서두른다고 해서 빨리 가지도 못하고, 천천히 간다고 느리게 가지도 못하는 로탕라 가는 길'이 곧 '나'의 길이며, '너'의 길이고 그것은 곧 우리네 인생길이 아니던가?

> 사막의 길목은 낙타들의 땅
> 태양도 쉬어 갈 곳 없는 황야에서
> 낙타들은 서로의 몸을 기대어
> 발아래 작은 그늘을 만든다
>
> -「낙타」부분

놀라운 발견이다. '사막의 낙타들이 발아래 작은 그늘을 만든다'라니? 낙타들이 그늘을 찾아 헤매는 것만 생각하는 일반적인 상식에서 벗어나 낙타가 만든 그늘을 발견한 것은 분명 독자들이 주목해야 될 부분이다. 어쩌면 우리가 찾는 행복도 낙타가 만든 그림자처럼 이미 우리 안에 드리워져 있는 건 아닐까, 싶은 생각이 들기도 한다. 사막과 바람과 별과 달과 해만 보며 사는 생, 이즈음에서 필자는 저 유명한 방랑자 시인 신경림의 '낙타'라는 시 전문을 인용하고 싶어진다.

낙타를 타고 가리라, 저승길은
별과 달과 해와
모래밖에 본 일이 없는 낙타를 타고,
세상사 물으면 짐짓, 아무것도 못 본 체
손 저어 대답하면서,
슬픔도 아픔도 까맣게 잊었다는 듯.
누군가 있어 다시 세상에 나가란다면
낙타가 되어 가겠다 대답하리라.
별과 달과 해와
모래만 보며 살다가,
돌아올 때는 세상에서 가장
어리석은 사람 하나 등에 업고 오겠노라고.
무슨 재미로 세상을 살았는지도 모르는
가장 가엾은 사람 하나 골라
길동무 되어서.

- 신경림의 「낙타」 전문

이 시는 재미있는 구조를 지녔다. 저승길은 낙타를 타

고 갔다가 누군가 어떤 절대자가 있어 다시 세상에 나가라고 한다면 낙타로 태어나서 별과 달과 해만 보며 살다가 다시 저승으로 다시 올 때는 어리석은 사람(시의 초반부에서 낙타를 타고 갔던 사람, 즉 시적 자아와 같은 사람) 하나 태우고 돌아오겠다는, 낙타를 타고 갔던 사람이 낙타로 환생하여 다시 시적 자아처럼 어리석은 사람 하나를 태우고 돌아오겠다는 인간과 낙타의 순환 구조를 보여 준다고 할 수 있겠다.

낙타의 눈은 늘 젖어 있으며 따로 울지 않는다고 한다. 그렇다면 눈이 젖어 있다는 것은 늘 운다는 것 아닌가? 어찌 보면 인간의 생이 눈물이며 곧 울음 아니던가?

'끊임없이 쏟아지는 햇살과 땅에서 올라오는 열기는 여전한데 낙타들은 성냄도 원망도 없이 태양을 숙명처럼 지고 산다.' 어쩌면 낙타들의 삶이 인간의 그것과 많이 닮아 있다는 반증 아니겠는가?

고래가 죽어 밀려왔다는
고래준골 바다 건너편에는
안개 공장이 있나 보다
소리 없이 내려온 안개가
해주 앞바다를 덮고

연평도를 덮고

당섬 선착장 넘어 소연평도까지 덮으면

남과 북은 어느새 하나가 된다

우리가 바라던 통일이 이렇게 올 순 없을까

대전차도 탱크도 안개 속에 묻어 버리고

서로의 가슴에 총질하는 미움도 덮어 버리고

안개가 사라진 어느 날

순백한 마음만 갖고 나올 순 없을까

－「안개 주의보」 전문

  그는 연평도, 대청도 등의 북한 지역과 가까운 섬에서 아이들을 가르치며 교사로 근무한 적이 있다. 가까이서 포성이 들리는 북한 땅을 바라보는 심정은 어떠했을까? 안개가 남과 북을 가리지 않고 온 세상을 덮어 버리는 것처럼 '우리가 바라던 통일도 이처럼 올 순 없을까.'

  많은 사람들이 통일을 부정적으로 인식하고 또 거기에는 그만한 근거가 있기도 하다. 그러나 처음부터 우리가 한겨레 한 조국이었던 것처럼 통일의 그날이 반드시 올 것이다. 대전차도 탱크도 서로의 가슴에 총질하는 미움도 묻고, 덮어 버리고 순백한 마음 하나로 통일의 그날이 오기를 고대하는 화자의 마음은 그곳이 남과 북의 이마가 맞닿은 역사의 현장이기 때문에 더욱더 생생하게 읽히는 건 아닐까?

    세상에 먼저 나왔다고
    먼저 물드는 것은 아니다
    세상에 늦게 나왔다고
    늦게 물드는 것도 아니다
    나뭇잎은 서로 바라보며
    앞서거니 뒤서거니
    물들어 간다

                                     - 「단풍 1」 전문

이 시의 핵심은 관찰과 통찰력이다. 단풍잎을 바라보면서 인간의 삶을 이야기하고 있다. 인간 삶의 질서를 이야기하고 있다. 그 질서는 인간이 생각하는 순차적인 질서가 아니라 우주의 질서를 말하는 것이다. '세상에 먼저 나왔다고 먼저 물드는 것이 아니고, 늦게 나왔다고 늦게 물드는 것도 아니다.' 저 유명한 마르크스 아우렐리우스의 '명상록'에서 연극이 1막으로 끝나든 3막으로 끝나든 그것은 배우가 관여할 일이 아니라고 한 것처럼 우리 인간은 '앞서거니 뒤서거니 물들어 간다.' 수많은 꽃송이가 어울려 큰 꽃밭을 만들어 가는 우리 인간의 삶을 간명하게 드러내고 있다.

> 이불 속에서 나오기 싫다
> 이대로 한동안 누워 있으면 좋겠다
> 아무 영문도 모른 채
> 삼월 한 달 끙끙 앓다가
> 산벚꽃 흐드러지게 피는 날
> 아무 일도 없었다는 듯 훌훌 털고 일어나
> 그 꽃잎들 바구니에 가득 담아
> 아이들 등굣길에 뿌리고 싶다
>
> ―「개학」 전문

 오랜 겨울 방학이 끝나고 개학하는 날, 혹은 3월 한 달 이불 속에서 나오기 싫은 솔직 담백한 시적 자아의 마음이 어린이의 그것처럼 드러나 있다. '이대로 한동안 누워 있으면 좋겠다'. 이와 같은 건강한 게으름을 경험해 보지 않은 사람은 없을 것이다. 시란 이처럼 아무런 가식도 걸치지 않고 있는 그대로의 감정을 드러낼 때 비로소 나름의 호소력을 가진다는 것을 알 수 있다. 그래서 일찍이 수많은 시인들이 말하기를 시를 쓰려면 먼저 어린이의 마음으로 돌아가라고 했던가? 그리하여 '삼월 한 달 끙끙 앓다가 산벚꽃 흐드러지게 피는 날 아무 일도 없었다는 듯 훌훌 털고 일어나 그 꽃잎들 바구니에 가득 담아 아이들 등굣길에 뿌리고 싶다'라는 시적 자아의 마음은 독자들에게 큰 호응을 불러일으킬 것이라 믿어 의심치 않는다.

개학 무렵의 건강한 게으름이 산벚꽃으로, 또 그 '산벚꽃잎들을 아이들 등굣길에 뿌리고 싶다'고 했다. 이것은 아이들을 지극히 사랑하는 교사이지 않고서는 도저히 상상해 내기 어려운 일이다. 40여 년 평생을 교단에서 아이들과 동고동락하며 한데 어울리고 서로 사랑하며 교직을 천직으로 여겨 온 시적 자아의 아름다운 심성이 그대로 드러난 것이라고 아니할 수 없다.

이제 곧 학교를 떠나 새로운 걸음이 닿을 그의 길에, 그의 앞날에 그 산벚꽃잎들 바구니에 가득 담아 훨훨 뿌려 주고 싶다. 부디 그 꽃잎들 그의 발길에서, 머리에서, 옷깃에서 영원하기를······.

축하 글

 사랑하는 조카가 시집을 낸다니 축하한다. 첫 시집 '지게'는 얼마나 읽었던지 그 부분이 닳았다. 읽어도 읽어도 감동이 되는 시다. 이번에도 가족에 대한 애틋한 사랑과 고향에 대한 그리움이 얼마나 넘쳐날지 벌써 기대가 된다.

― 정태기(전 치유상담대학원대학교 총장)

 지지난해 가을, 프랑스를 여행하던 중 몽생미셸의 작은 우체국에서 예쁜 우표를 보자 선생님이 생각났다. 그래서 곧장 엽서를 사서 선생님이 근무하는 학교로 보냈다. 며칠 뒤, 프랑스 파리에서 영국으로 가기 위해 기차역으로 향하던 택시 안, 선생님의 목소리가 전화 너머로 들려왔다. 엽서를 잘 받았고, 너무도 고맙다는 말에 내 마음도 기쁘고 가슴 뭉클했다. 그 기억은 지금까지도 또렷하게 남아 있다.

― 황선영(파티세리)

코로나가 끝나 가던 해 5월, 선생님을 만나 뵙고 집으로 돌아가는 길이었다. 카톡으로 시 한 편이 왔다. 선생님이 우리를 기다리며 쓴 시란 것을 알 수 있었다. 시를 읽으며 선생님이 우리를 얼마나 사랑하는지 알 수 있었다. 순간 나는 학창 시절 섬마을 학교의 작은 교실에서 미래를 꿈꾸며 듣던 선생님의 인생 이야기를 떠올렸다. 시집이 출간되어 보게 된다면 선생님의 사랑과 학창 시절의 향수를 느끼게 될 것 같다.

- 윤라현(교사)

  부정적인 생각으로 감정 조절이 어려웠던 고등학교 시절, 선생님이 개설한 문예 창작 방과후 시간, 나는 그때 많은 글을 썼다. 그중에 하나 '나의 성장 과정'을 쓰며, 스스로 성찰하는 시간을 갖게 되었다. 나는 그때 글쓰기를 통해 부정적인 생각과 감정이 추슬러지고, 긍정적인 생각으로 바뀌어 갔다. 글을 쓰던 그 시간은 나에게 큰 의미로 다가왔고, 나는 한 칸 더 성장할 수 있었다.

- 김세정(대학원생)

선생님의 두 번째 시집 출판을 축하드립니다. 김병훈 선생님과는 학창 시절 고등학교 국어 선생님으로 만났고, 선생님과의 수업은 글쓰기의 소중함을 깨닫는 시간이었습니다. 그때 받은 가르침은 지금의 법대 공부는 물론, 제 삶을 이끄는 담론이기도 합니다. 이 시집이 독자들 마음속 흔적으로 남아 성찰의 공간이 되었으면 합니다.

- 노금구(대학생)

평생 아이들을 사랑하고 아이들의 인생을 응원하신 분, 시를 읽다 보면 아이들을 얼마나 사랑하고 얼마나 공감하고 있는지 알게 된다. 선생님과 두 학교에서 근무하며 느낀 것은 그의 삶이 시이고, 시가 곧 그의 삶이라는 점이다.

- 김경하(교사)

지난해 봄, 우리 가족은 교장 선생님을 모시고 풍도에 갔다. 여행을 마치고 돌아온 뒤 선생님은 풍도 여행에 관한 시 몇 편을 써서 카톡으로 보내 주셨다. 선생님은 배 안의 풍경과 풍도 해변을 산책하고 둘레길을 걸은 일, 마을 뒤 산언덕을 돌아온 일까지 이틀간의 여정을 스케치

하듯 시로 남겼다는 것을 알게 되었다. 평범한 것에도 감동하며 살아가는 봄꽃 같은 분이시다.

- 정은미(교사)

나는 관광과 산림에서의 힐링 사례로 지역 정책을 제안하는 일을 했지만, 김 선생은 일상의 감흥을 시로 쓰면서 친구들의 가슴속에 힐링의 보금자리를 만들어 주었다. 생각해 보니 친구의 시뿐 아니라 그가 보낸 메시지도 우리에게 힘이 되었다. 퇴직 후의 삶도 기대된다.

- 곽행구(전 전남발전연구원 부원장)

아버지가 그랬듯이 장남으로 우리 집안의 무거운 짐 다 짊어지고 먼 길 걸어오느라 힘이 부치기도 했을 텐데. 묵묵히 견디면서 우리 집안의 든든한 울타리가 되어 주셔서 우리는 내내 행복했습니다. 고맙습니다. 이제부터 모든 짐 내려놓고 작가로 훨훨 날으시기 바랍니다.

- 김병학(월곡고려인문화관 관장)

꽃도 바람을 그리워한다

ⓒ 김병훈, 2025

초판 1쇄 발행 2025년 8월 5일

지은이	김병훈
펴낸이	이기봉
편집	좋은땅 편집팀
펴낸곳	도서출판 좋은땅
주소	서울특별시 마포구 양화로12길 26 지월드빌딩 (서교동 395-7)
전화	02)374-8616~7
팩스	02)374-8614
이메일	gworldbook@naver.com
홈페이지	www.g-world.co.kr

ISBN 979-11-388-4607-3 (03810)

- 가격은 뒤표지에 있습니다.
- 이 책은 저작권법에 의하여 보호를 받는 저작물이므로 무단 전재와 복제를 금합니다.
- 파본은 구입하신 서점에서 교환해 드립니다.